浪花淘不尽英雄

三国人物揭秘

不雨亦潇潇 著

北方文艺出版社

·哈尔滨·

图书在版编目（CIP）数据

浪花淘不尽英雄：三国人物揭秘 / 不雨亦潇潇著. —— 哈尔滨：北方文艺出版社，2023.3
ISBN 978-7-5317-5812-9

Ⅰ.①浪… Ⅱ.①不… Ⅲ.①历史人物 - 人物研究 - 中国 - 三国时代 Ⅳ.① K820.36

中国国家版本馆 CIP 数据核字 (2023) 第 022421 号

浪花淘不尽英雄：三国人物揭秘
LANGHUA TAOBUJIN YINGXIONG SANGUO RENWU JIEMI

作　　者 / 不雨亦潇潇
责任编辑 / 富翔强　孙竞裔　　　　装帧设计 / 树上微出版
出版发行 / 北方文艺出版社　　　　邮　　编 / 150008
发行电话 / (0451) 86825533　　　　经　　销 / 新华书店
地　　址 / 哈尔滨市南岗区宣庆小区 1 号楼　网　　址 / www.bfwy.com
印　　刷 / 武汉市籍缘印刷厂　　　　开　　本 / 880×1230　1/32
字　　数 / 100 千　　　　　　　　　印　　张 / 7.5
版　　次 / 2023 年 3 月第 1 版　　　印　　次 / 2023 年 3 月第 1 次印刷
书　　号 / ISBN 978-7-5317-5812-9　定　　价 / 68.00 元

历史不是枯燥的,人性也不是单一的,这本书通过对三国人物的解读,让我们真正走进那段精彩纷呈的历史画卷。

推荐人:十点读书创始人

前言

"以铜为镜，可以正衣冠；以古为镜，可以知兴替；以人为镜，可以明得失。"

历史，是我们这个民族的骄傲和财富。上下五千年的史料，也为中国人提供了丰富的谈资。而在其中，本书选定的三国史，永远是最热门的话题。

也许是生在太平年，不知乱世苦，人性似乎是矛盾的，好生恶杀，却又渴望去尝试争斗和杀戮。东汉王朝的陨落，是一家一姓的衰败，也是群雄逐鹿的开始。大权旁落、烽烟四起、州郡割据、乡党林立……

广义上的三国史，自黄巾、董卓而始，至三家归晋而终。在这一段时间内，曹操以亲族势力起家，靠自己的雄才大略横扫北方诸侯；江东孙氏凭借三世经营稳固基业，独霸江南；刘备白手起家，以仁侠之风吸纳了众多勇武才智之士，于夹缝中求存，谋得西蜀一隅险地，遂成三分天下！

三国，是最精彩的大争之世：这是君子的时代，也是小人的时代；是权贵的时代，也是白丁的时代；是谋略的时代，也是运气的时代。《浪花淘不尽英雄》取材于正史，以三国时期的一些重要人物为中心，进而展开对影响历史进程的一些大事件的分析，为读者简洁清晰地构建出这段历史的脉络。本书由浅入深，很适合那些工作繁忙，没有大量时间翻阅史籍的历史爱好者。

本书的第一部分是蜀汉篇，从东汉末年的蜀地政治生态入手，揭开刘焉、刘璋父子统治川蜀时期"派系林立"的真实面貌，进而分析出刘备成功入主蜀地、克成帝业的原因。对比之下，刘焉志大才疏、刘璋缺少主见，本土士族与外来户又矛盾重重，能维持表面和谐已是不易。面对"武圣"关羽、"直男"张飞，以及诸葛亮、庞统、法正这样的千古名臣组成的创业团队，失败是意料中事。

然而，以一隅而敌天下，终非易事。

在三国之中，蜀汉政权是最富生机、最有存在感、也最具戏剧性的。生得轰轰烈烈，死得无声无息。刘备起于风云际会，刘禅降得实在窝囊。蜀汉的失败，其实不能怪关羽，汉中大战的胜利就是诸葛亮隆中对的"天下有变"，关羽出兵北伐也正合时宜，之前已经让了江东土地，孙权的背盟是谁都没想到的。

当然也不能怪诸葛亮，北伐消耗了国力固然是事实，但若不伐，想凭借川蜀狭地与关中、中原乃至河朔诸地比拼国力，无异于痴人说梦。那要怪刘禅吗？他是有部分的责任，但他即使后期不昏庸，面对有限的土地与财力，只怕也难有作为。

归根结底，还是起家的本钱太小，容错率太低。曹魏面对孙刘联盟都可以失误很多次，但刘备失误一次就兵败身危，诸葛失策一次就再难图雍凉。一次北伐后，曹氏开始重视经营关中，此后蜀汉数次北伐只是尽人事而已。高祖的道路不是轻易能够仿效的，刘备或许不比刘邦差，但曹氏三代都比项羽要精明。再加上古汉水早在西汉时期就已改道，暗度陈仓早已成为历史，真是时也命也……

本书的第二部分是曹魏篇，曹魏篇的大量篇幅都在曹操身上。从举孝廉到位极人臣，从宦官之后到封王建都，从渴望建功立业的角度讲，曹操无疑是最成功的。而从儒家的忠君之道来讲，曹操又是颇富争议的。他与以汉臣自居的荀氏叔侄从互相成就到渐生嫌隙，尤其在对待汉帝的问题上，《三国志》和《后汉书》就有一些不同的记载。而在对待百姓的态度上，史家对曹操的评价也趋于两极分化。

有人看到他休养生息的政策、读过他痛惜战乱的诗句，认为他爱民如子；也有人指出他曾经在战争中多次屠城、虐杀战俘和无辜百姓，认为他是残暴之人。在对曹操人物的刻画上，本书力求公允端正。

在后曹操时代，曹丕有些志大才疏，却还是稳住了继位之初的乱局，做好了一个守成之主。但也留下了司马家崛起的隐患。曹叡的确有驭人之能，怎奈天不假年。高平陵之变后，幼主就逐渐沦为司马氏的傀儡……

本书的第三部分是孙吴篇。孙权是帝业的成就者，于江东孙氏而言是巅峰，也是败落的开始。江东始于乱而终于乱，论门阀纠葛、大族纷争，江东比起西蜀和中原都有过之而无不及。在周瑜、鲁肃、陆逊的辅佐下，孙郎的英雄气概也曾不弱于曹、刘。

但孙权晚年的多疑、猜忌加剧了江东朝廷内部原本就很严重的党争族争，在进取荆襄后门阀问题非但没有得到缓解，反而日益复杂化。自此之后，孙氏亦未能有大规模进取之举。而孙权死后，吴国开始陷入了长期的内乱之中。待到再图振兴之时，为时已晚，西蜀先灭，东吴覆亡不远……

大江东去，浪花淘不尽英雄。大争之世，无论再危险，也总有人要为这如此多娇的江山折腰。历史讲的是前人的故事，但激励的却是今人那颗滚烫的心，希望众多读者开卷有益。

[目录]

第一部　蜀汉篇 ··· 001
　一、天府之土 ··· 003
　二、刘郎才气 ··· 010
　三、世之虎臣 ··· 018
　　1. 武圣——关羽 ·· 018
　　2. 直男——张飞 ·· 023
　四、经学思谋 ··· 029
　　1. 凤雏——庞统 ·· 029
　　2. 谋主——法正 ·· 037
　五、经天纬地 ··· 046
　六、诸葛遗规 ··· 061

第二部　曹魏篇 ··· 069
　一、英雄本色 ··· 070
　　1. 来者何人 ·· 070
　　2. 治世能臣 ·· 073
　　3. 忠义奋发 ·· 076
　　4. 初心未泯 ·· 081

I

5. 温情底色 …………………………………… 084
二、天下大势 ………………………………………… 091
三、军师联盟 ………………………………………… 104
　　1. 荀彧：扶汉卫道 …………………………… 106
　　2. 荀攸：愚不可及 …………………………… 112
　　3. 郭嘉：绝世赌徒 …………………………… 116
　　4. 贾诩：隐匿之道 …………………………… 123
　　5. 程昱：暮年壮心 …………………………… 129
四、建安风骨 ………………………………………… 137
五、宗室维城 ………………………………………… 144
六、鹰视狼顾 ………………………………………… 151
　　1. 伪装者之路 ………………………………… 151
　　2. 高平陵之变 ………………………………… 156
七、风起淮南 ………………………………………… 164

第三部　孙吴篇 …………………………………………… 173
一、龙骧虎步 ………………………………………… 175
二、坐断东南 ………………………………………… 180
三、折戟沉沙 ………………………………………… 188
四、江东子弟 ………………………………………… 199
　　1. 周瑜：与公瑾交，若饮醇酒，不觉自醉 …… 199
　　2. 鲁肃：不谋全局者，不足谋一域 ………… 203
　　3. 吕蒙：士别三日，当刮目相待 …………… 208
　　4. 陆逊：宁鸣而死，不默而生 ……………… 212
五、谁主沉浮 ………………………………………… 218

第一部

蜀汉篇

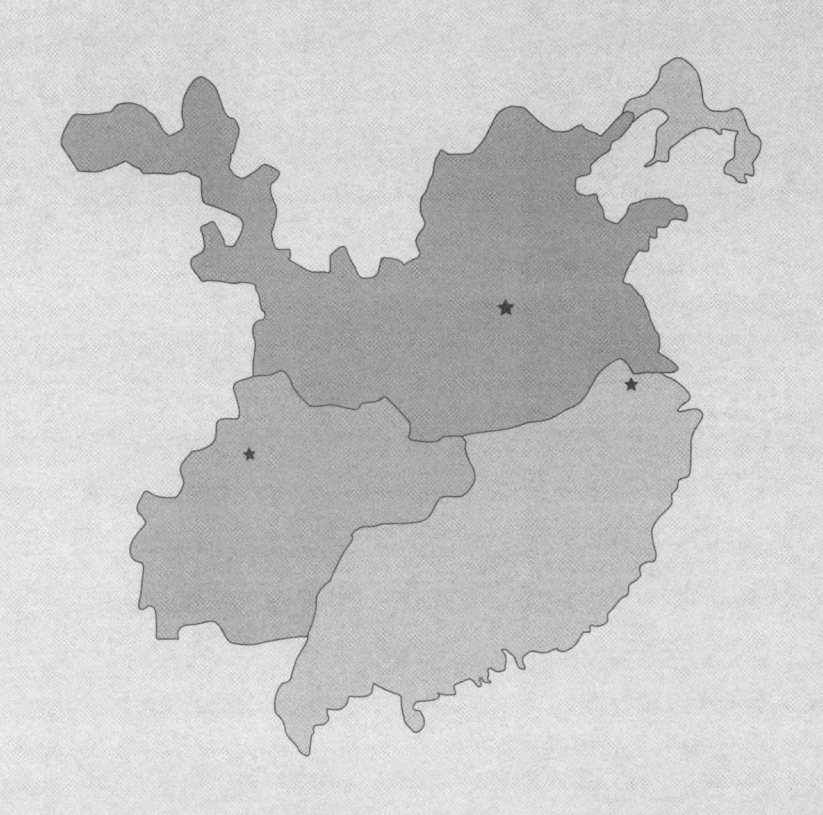

一、天府之土

要说蜀汉，必先说刘备；欲说刘备，便要先说说汉末那段时期益州的情况。

而要说益州的情况，自是离不开刘焉、刘璋父子。

汉末的益州是什么样的呢？

用这样一句话概括，可能恰到好处：比上不足，比下有余。

比起汉王朝鼎盛时期的"天府之土"来，自然是远远不如，但若是与同期的被黄巾蹂躏的其他州来说，益州仍然是全国各地避难流民的最佳选择。

于汉末乱世而言，川蜀之地的确是遭受破坏最轻的地区。天然的山川地理屏障，阻挡住了外面的洪水猛兽，使蜀地之民自古便养成一种安土重迁、富实奢侈的习惯，他们过久了安静平和的生活，所以也最为痛恨动乱和流离。

第一部·蜀汉篇

一、天府之土

这从刘备攻打成都时的"吏民咸欲死战,群下莫不流涕",以及邓艾、钟会灭蜀时的"将士拔刀斫石"上便可以看出。

正是因为蜀地有这个得天独厚的优越条件,既可以"避世难",又众口相传有"天子气",所以刘焉才会听从董扶的意见,主动请缨去益州做刺史。

其实在一开始,刘焉想去的地方不是益州,而是远在最南边的交趾。因为这地方离中原最远,虽然在当时是荒凉了一点,但远离斗争漩涡,相对来说比较安全。这时,侍中董扶私下里对刘焉说:"你去什么交趾啊,去益州多好,这地方有天子气。"刘焉一听,顿时就改变了去交趾的想法,准备去益州了。

那这董扶怎么知道益州有"天子气"呢?

说他会望气,那是胡扯;说他看重刘焉的雄才,那也和胡扯差不多;而唯一一种解释就是董扶自己想找个机会,回家避难!

董扶本就是蜀地人,由于朝廷多次征辟,不得已才入朝为官。但汉室"大厦将倾"这一点,当时的明眼人都看得出来。正所谓"覆巢之下无完卵",为了回家避难,董扶也只能出此下策。他想回家避难,刘焉想去吸收天子气,这样一来,入蜀就成了他们的共同愿望。而想要实现愿望,只有主观努力是不够的,多多少少还得靠一些客观机遇。

正巧当时的形势,就给了他们这个机遇。

第一部·蜀汉篇

一、天府之土

由于桓灵二帝卖官鬻爵而导致各地封疆大吏只知道贪污腐败、压迫百姓，从而引发了各地百姓的极度反抗。究其根本，黄巾起义便是最显著体现。益州自然也不例外，当时的益州刺史郤俭是贪污腐败，无恶不作，惹得益州民怨沸腾，甚至出现了几股响应黄巾的起义军。

这些聚众造反、自称天子的"流寇"很快便混得风生水起，并州、凉州等多地的刺史被杀，益州刺史郤俭自然也难逃"法网"。

就在这样的情况下，身为汉室宗亲且在清流中颇有名气的刘焉，就名正言顺地提出了任用"清名重臣"安抚各州的策略，并如愿以偿地入了川。

虽然得到朝廷的任命，但是入川后还有一件大事要解决——扫平蜀中流寇。这些流寇大多是乌合之众，并没有太高的战斗力，就在刘焉入川的过程中，当时益州本地一个叫作贾龙的人，他组织了近千名宾客与家兵，就把那号称几万人的流寇灭了，也算是为刘焉扫平了障碍。

只可惜贾龙没想到，这位新来的刘刺史可能要比流寇还狠。

入川后，本为避乱的刘焉，开始了自己的阴谋和野心。他对内，借助地方豪强的势力平定了动乱，反过来又大肆诛杀地方豪强来立威；对外，私自培养"黑社会势力"，比如米贼张鲁，暗中授意让张鲁割据汉中，切断了与朝廷之间的联系,俨然要黑白通吃,自立山头。而且还联合马腾一起偷袭长安城,只不过后来以失败告终。

刘焉的野心可能是遭到了上天的惩罚,朝廷不仅杀了他的几个儿子(唯刘璋因传信而得免于难),还天降大火烧了当时的治所绵竹,连带着烧了他为自己准备的"僭越器物"。丧子之痛加上惊惧天灾,刘焉便这样饮恨而终了,而其旧部因为贪图其子刘璋软弱好挟制,便联名上书朝廷,拥立他仅存的儿子刘璋为益州刺史。

刘璋继任时的益州很不太平,因为内部成分比较复杂,斗争比较激烈。当时的益州共存在着3方势力:

1.汉末因逃难而入川的外地流民,这些人大部分被收编进军队,统称"东州兵"(益州在西边,东边的地方便可称之为东州)。

2.在益州土生土长的本地人,包括当地的世家大族与地方豪强,这些人我们可以叫作"益州人"。

3.刘焉入川带来的亲信,也可以说是当下益州的"外来户"。

而以上这3方势力,又存在着这样的矛盾:

东州兵与益州人有矛盾,刘璋(外来户)与赵韪(地方豪强)有矛盾,刘璋(外来户)与张鲁(外来户)有矛盾。

于是我们可以明确得出结论:大家之间都有矛盾。

既然有矛盾，那必然有斗争，要想斗争成功，就得实力强大，尤其是枪杆子要硬。

刘璋与他父亲不同，他没有称王称帝的野心，心也不够黑，手也不够狠。史书说他"明断少而外言入"，意思就是这个人没有主见，容易听信人言，立场极其不坚定。所以才会造成如今这种"处处矛盾"的现状。在这种分崩离析、内忧外患的情况下，刘璋只能听从亲信张松的建议——找外援。

张松当时曾这样描述刘璋的处境——"民攻其内，敌攻其外"。虽说形势很严峻，但我想张松还是夸大了一些，因为他本身就不是个老实人，他想把益州作为"待价而沽"的商品，为其找个好买家，而刘璋显然不在此名单中。

于是，这场刘璋眼中的"寻外援计划"，也就成了张松眼中的"卖益州计划"。

张松看好的第一个买家便是当时"天下无敌"的曹操，可惜曹操没能把握住机会且运气极其不好。刚夺了荆州的曹操也犯了志得意满的毛病，压根瞧不上刘璋这种货色，巧的是"天下无敌"的曹公关键时刻掉链子，在接下来的赤壁之战中败给了孙刘联军。

这就使张松不得不考虑重新再找个靠谱的买家，于是他启动了二号买家——刘备。在这里要说明的是，为什么张松会看好刘备？是否像《三国演义》里写的那样，刘皇叔领着卧龙凤雏加上关张就来亲迎一个区区张永年？

笔者认为非也，张松看好刘备，就正如当初他看好曹操一样。

天下英雄极多，但据说能和曹操匹敌的只有刘备（曹操自己说的），而且这个"据说"现在成真了，赤壁之战活生生的事实摆在这里。刘备之威名于此时堪称如日中天，曹操惊得"投笔于地"，孙权吓得"进妹固好"。

这样的人自然是极好的买家。

于是，刘璋听了张松的话，高高兴兴地来迎接刘备，刘备高高兴兴地"入境如归"，双方于涪水关"大宴百日"。但我们要注意的是，这是在刘璋的地盘，且刘璋也不是空手来的，"步骑三万余人，车乘帐幔，精光耀目"，人家是有备而来，耀武扬威而来，你刘备要是敢乱来，那我也就不客气，三万精兵碾压而上。

相比之下，作为客人的刘备自是不会带重兵入川的，但看他只领了庞统、黄忠等，就知道双方兵力之悬殊了。所以刘备没有听从庞统的计谋，于席间拿下刘璋，而是选择了"徐徐图之"的策略，把自己的"异心"暂时藏起来，以此迷惑对方。

最后刘璋的结果便是：喝得很高兴，唠得很融洽，被坑得很惨。

刘璋之所以被坑得惨，那是因为他与刘备的智商、手段差距甚为悬殊。理所当然的，笨人输给了聪明人，那么刘备究竟是怎样的一个人呢？是演义中"遇事则哭"的伪君子，还是曹操眼中的"当世英雄"呢？

我们也是时候为"先主"正名了。

二、刘郎才气

近年来,"必也正乎名"的历史风潮逐渐兴盛起来。许多被历史掩盖、演义扭曲的历史人物都得到了公正的评价。在此风潮中,最幸运的便是曹操,最不幸运的则属刘备。在罗贯中笔下,刘备除了"汉室宗亲""伪君子""大耳贼""丢妻弃子"等名声外,似乎别无长处。

那我们就来真正了解一下:刘备,有何过人之处?

身为中山靖王刘胜之后的刘备,并没有享受到应有的"宗室待遇",其父祖两代也仅仅做了州郡的小吏。他年幼丧父,与母亲"贩履织席"相依为命,过着极其贫苦的童年生活。

没落的皇族,贫贱的处境,似乎并没有磨灭他与生俱来的"高贵血统"中存留的志气。小时候,刘备与同族小孩在院子中玩耍。看见屋子东南处的一棵参天大树,便用手指着大树说:"吾必当乘此羽葆盖车。"

小小年纪，便已经有了其祖刘邦"大丈夫生当如是"的豪情壮志。也许，上天已经注定，他是一个不平凡的人。

俗话说得好："再穷也不能穷了志气，再苦也不能苦了孩子。"刘备家虽然一贫如洗，可到了求学的年纪，他的母亲还是让他去求学了。这位没有在历史上留下姓名的母亲，深知"教育要从娃娃抓起"的道理，这对刘备日后的成就不无影响。

十五岁的刘备告别了家中的老母，也告别了东南角的大树，从此踏上了"行学之路"。在求学的过程中，他得到了同宗刘元起的资助，得到了同学兼兄长公孙瓒的爱护，也得到了名儒卢植的倾心教授。

可惜，他虽有良好的学习条件，却缺少一颗热爱学习的心。与刘邦一样，他"不乐读书"，反而喜欢狗、马、音乐、衣服等玩乐之物。但刘备对于这种玩乐，只是当作消遣来对待的，而他的主业是"结交豪侠"。

多金高贵的袁绍兄弟可以用"名望与金钱"来结交豪侠、塑造贤名，那贫穷且无闻的刘备又靠什么结交豪侠呢？

无他，一颗仁义之心罢了。

与人交往，务要诚心，这就是他的交友之道。

刘备通过自己独有的一套交友之道，成功获得了大商人苏双的资金援助，使得自己拥有了能在乱世之中拉起自己队伍的实力，由此开始了自己的创业之路。

第一部·蜀汉篇

二、刘郎才气

无论是在安喜尉任上，怒打督邮，挂印而去；还是在平原相任内，外御强敌，内安百姓；刘备一直所践行的准则就是一步步走出霸业。

在这个世界上，机会常有，而把握住机会的人却不常有。刘备显然是一个懂得把握住机会的人，而他的第一个机会便是曹操给的。

初平四年，打着"为父报仇"旗号的曹操尽起兖州精锐，浩浩荡荡杀向徐州。向来软弱的徐州牧陶谦不得已之下唯有向北边的公孙瓒求援。就这样，刘备以"援军"的身份，跟随着田楷前往徐州救援。

由于吕布的背后偷袭，使得这次驰援轻而易举地顺利成功。陶谦为表感谢，不仅资助刘备军粮，还热情地留他在徐州做客。于是刘备便暂时离开了公孙瓒，留在了徐州。

"天有不测风云，人有旦夕祸福。"陶谦的"大限已到"，正是刘备的"机会来临"。奄奄一息的陶谦躺在病榻上，在对麋竺说完一句，"非刘备不能安此州"后，便悄然离世了。

对于陶谦的慷慨，刘备显得有些猝不及防。在陈登与麋竺的不断劝说下，他仍然"抵死不从"并提议把位置让给邻近的袁术。

这时出现了两个人，坚定了刘备对自己的信心。

徐州名士陈登说："公路骄豪，非治乱之主。"

言外之意，刘备才是治乱之主。

海内名儒孔融说:"冢中枯骨,何足介意。"

言外之意,刘备才是能力过人之辈。

刘备救援了一次北海,赢得了孔融的信任;救援一次徐州,赢得了陈登、陶谦、糜竺等人的信任;甚至于一向眼高于顶的袁绍也不得不佩服一句——"刘玄德弘雅有信义"。就这样,刘备顺理成章、应众人所请地接管了徐州。

人说:"好事不出门,坏事传千里。"其实这是不正确的。真实的情况是:无论好事还是坏事都可以"传千里"。这就像是"滚雪球",吕布是"越滚越糟糕",刘备则是"越滚人越好"。

在孔北海、陈元龙等人的义务传播下,刘备的"仁义之名"就这样传播开来了。随之而来的则是刘备地位的"水涨船高"。

他去投奔曹操,曹操表其为左将军,礼之愈重。"出则同舆,坐则同席",并说出了使刘备吓掉了筷子的评语:"今天下英雄,唯使君与操耳。"

他去投奔袁绍,袁绍连忙遣将道路奉迎,亲自到邺城以外二百里处迎接。

他去投奔刘表,则刘表亲自郊外迎接,以上宾礼待之,甚至荆州豪杰都偷偷向刘备靠拢了。

朋友的尊重,敌人的尊重,名士的尊重,群雄的尊重,这足以说明:刘备,值得尊重!

这时候的刘备还只是个东逃西窜的失败者,别人对他的尊重，尊重的不是权力地位，而是他的仁义与雄才。刘备就这样一步步地走出了"别人对他的尊重"。

近来有人拿吕布与刘备相比，认为两人很具有一些相似性，其实不然。

那"不然"在什么地方呢？

其实这个问题很好回答，吕布本人的话就很有说服力。吕布杀掉董卓后，被其余党李傕郭汜赶出了长安，后经辗转来到了徐州。此时的徐州正是刘备主政，而吕布一见刘备便痛哭道："关东诸将无安布者，皆欲杀布。"在说这句话之前，吕布分别被袁绍、袁术、张杨赶走过。

相比于吕布，刘备则是完全不同的待遇——他无论来到哪里，哪里的主人都会礼遇他，哪里的贤才都会投奔他，这就足以说明一个问题：刘备与吕布最大的不同便是——刘备始终具有"独立性"与"凝聚力"。而要想拥有这两点，则离不开"雄才＋德行"这种顶级配置。由此可见，刘备在当时诸侯的眼中，算是一个"德才兼备"的英雄人物。

建安十二年，曹操突袭荆州，刘琮举州而降。猝不及防的刘备，无奈之下只能奔江南而逃。在途经襄阳时，诸葛亮劝说他趁势攻打刘琮，荆州可有。当时的刘备抬头望天，满怀悲痛地缓缓说道："吾不忍也。"

仅仅四个字尽显刘备的仁者形象与政治头脑，一个重情重义之人怎能不令人死心塌地、誓死追随。

十万百姓，拖家带口，荆楚名士，从之如云。

在个人性命、江陵军资、人心仁名的抉择上，他毅然决然选择了后者，这既可看作是他的执着信念，也可以看作是他的仁德之心，还可以看作是他的政治手腕。但在现在看来，这都不重要了。看一个人，无须看他怎样说，只要看他怎么做。即使他是一个"伪君子"，但甘舍弃自己性命来"行伪"的，已然是"真的仁者"。

百万大军不舍昼夜地穷追猛打，十万百姓生死不弃的亦步亦趋，生死不过一线之间。滔滔汉水，拦住了前路，滚滚尘烟，蒙蔽了人心。携民渡江，临水而叹，在面对着下属的劝告时，他说出了震烁千古、足以不朽的一言："夫济大事必以人为本，今人归吾，吾何忍弃去！"

以生命为注，成仁者之义。

刘皇叔，你有你的坚守与信念，你有你的大理想与大智慧。

东晋史学家习凿齿对此盛赞道：追景升之顾，则情感三军；恋赴义之志，则甘与同败。

至此，刘备一步步地走出了聚拢天下人心的仁义之名。

建安十三年，一场"赤壁之战"彻底结束了曹操天下无敌的神话，而打败曹操的刘备则向天下人证实了"惟刘豫州可敌曹操"的传闻。

在一步步地蚕食了荆州之后，刘备把目光放到了益州这块肥肉上。而战后刘备的"人心所向"也让刘璋主动抛来了橄榄枝。在对益州的战略上，刘备没有采纳庞统"席间擒之、一举而定"的计策，转而坚持了自己"徐图之"的方针。

从涪之会的倾心相待、互推互举，到葭萌关的厚树恩德、以收众心，最后到白水军前的彻底反目。这整个过程都在有条不紊地进行着，一步接着一步的，将益州缓缓地收到了自己的囊中，也将"三分天下"收进了自己的囊中。

建安二十四年秋，在刘备取得了汉中之战的胜利后，他终于登山了王位，上表自称"汉中王"。这既是对曹操的宣战，也是对自己的认可。

对于刘备而言，能走到今天既离不开自己的坚韧不拔，也离不开文臣武将的竭力辅佐。如果对刘备麾下的谋臣武将进行一个分类汇总，我们就会看到很多平时看不到的问题，也能攻破许多不实的流言。

无论是智囊团，还是名将团，刘备的人手数量都不如曹操。刘备麾下只有三位顶级的谋臣：全才的诸葛亮、知人的庞统、料事的法正。他对诸葛亮是敬服，对法正是亲近，对庞统则是君臣；诸葛亮是他的师友，法正是他的朋友，庞统则是他的臣子。

相比于刘备对谋臣的不同感情，他对手下的大将也有着不同感情成分。对于一直以来追随自己、不离不弃的关张二人，刘备对他们既有君臣之义，也有兄弟之恩；而对于远来归国的马超，则怀有一种极其明显的生疏感；至于黄忠、赵云，一个是功臣，一个是亲信，疏于关张，却亲于马超。

有才的用其才，有名的用其名，人各尽其用，有志之士，无不竞劝。刘备经常外出巡防、考察人才，而考察的方式就是——"与语"，也就是谈话。像诸葛亮、邓芝、蒋琬、马忠等人才便是通过这种方式被刘备发掘的。

他终于靠着败而不馁的顽强精神和唯才是举的用人之道，走出了属于他自己的霸业。

章武三年春，刘备的生命走到了尽头。躺在病榻上，回想着因急躁冒进而在夷陵之战中惨遭重创的蜀汉，刘备恨透了东吴，更恨透了自己。"勿以善小而不为，勿以恶小而为之。"刘备在说出这句千古警句之后，满心遗憾地闭上了双眼。

在他身后，青史谥曰：昭烈帝。

昭者，明心见性，诚善无欺；

烈者，不屈不挠，至死不渝。

以此盖棺刘备的一生，实至名归！

三、世之虎臣

1. 武圣——关羽

关羽,一位可与"文圣"孔子比肩的圣人,而他之所以能达到这个高度,正是世人内心对于道义的追求。或许你会说,自古以来这样的人有很多啊,但你也许不知道,关羽是有其独特魅力的。

首先,从外貌体态上来说,他就是一个"圣人模子"。《三国演义》的第一回,罗贯中用30个字,对关羽的形象进行了详细描述:

"身长九尺,髯长二尺;面如重枣,唇若涂脂;丹凤眼,卧蚕眉;相貌堂堂,威风凛凛。"

小说自然是有艺术加工的成分,但这也是有文献参考的,在《王世贞弇州续集》中就曾提到关羽的容貌:"髯而美姿,观白皙色。"这里的关羽不是演义中描写的红脸,而是长着一张小白脸,但其长髯英姿却是未曾变过的。不管是红脸还是白脸,关羽那飒爽英姿已是跃然于眼前,给人一种高大威猛之感。

除了长得"威风",关二爷还"内秀"。在朱仙镇关帝庙内,有一座高五丈、雄伟壮观的春秋楼,春秋楼大殿内有一尊"关羽夜读《春秋》"的铜质塑像。这尊塑像将关羽秉烛夜读时专注的神情刻画得淋漓尽致,也是小镇知名的古迹之一。

之所以有这样一尊雕像,主要还是因为关羽有个习惯——喜欢夜读《春秋》。《三国志·关羽传》曾注引《江表传》内容:"羽好左氏传,讽诵略皆上口。"由此可见,关羽出口成章的名声,都已经扩散到了江东地区。

但比起这些"文才",关羽留给我们更多的还是他的"武功",比如白马斩颜良一战可谓石破天惊——"羽望见良麾盖,策马刺良于万众之中,斩其首还,绍众将莫能当者,遂解白马围"。翻开整部《三国志》,能有这般壮举的恐怕也只有关羽一人而已。

抛去关羽的武力值不谈,人们更加看重的是他的"武德"。

东汉末年的某一天,幽州涿郡的街头上多了一个高大男子。他本是河东解人,因为摊上官司,逃难到了千里之外的涿郡。对于未来,他充满了迷茫,一时间也不知道路在何方。

这人就是关羽,此时的他还不知道自己日后会成为世人心中的英雄。碰巧的是,卖草鞋的刘备也在涿郡开始了新的创业项目——镇压黄巾起义。这个创业项目风险比较高,一不小心连小命都交代了。关羽听到了刘备招兵买马的消息,第一时间就报名参加了。毕竟对他来说,投身行伍远比这种无目的逃难来得好。更巧的是,张飞也参加了,三人的初创团队就此成型。

刚创业的刘备没有什么资本,对待关张二人,最好的待遇也只是"食则同器,寝则同床"。

"我现在给不了你们什么,那就只能先给你们一片真心了",刘备在心底默念。

但就是刘备的这颗真心,激发了关羽的忠义魂,成就了关羽的忠义名。

自此,关羽打心眼里感激这个带他入行的老板。即使后来被曹操捉住,也未曾有过丝毫动摇。当时曹操击溃刘备、擒住关羽,为了能将其收为己用,曹操可是花了不少心思:

赐你侯爵让你升职加薪!

赏你美女解决个人问题!

给你财物让你衣食无忧!

曹操给了关羽一个男人所需要的所有东西,换作是其他人,恐怕会心生动摇。但在关羽眼里,这都不及刘备的一颗真心。有一次,曹操让张辽去问问关羽的想法。关羽感叹道:"吾极知曹公待我厚,然吾受刘将军厚恩,誓以共死,不可背之。吾终不留,吾要当立效以报曹公乃去。"

一位美国学者曾说:"我尊敬你们的这一位大神,他应该得到所有人的尊敬。他的仁、义、智、勇直到现在仍有意义,仁就是爱心,义就是信誉,智就是文化,勇就是不怕困难。上帝的子民如果都像你们的关公一样,我们的世界就会变得更加美好。"

正是关羽的这份忠义,才让他的人格显得格外伟岸,也正是这份忠义,他成了人们心中敬仰的圣人。

不过,即便是圣人,也会有缺点,孔子是如此,关羽自然也不能例外。而关羽的最大缺点便是"刚而自矜"。

细看关羽的内心,在他强悍的外表之下,是一颗骄傲的心。他听说马超武艺高强,就要去西川和马超比武;听说册拜上将时有黄忠在内,就气得不接受封赏,扬言说"大丈夫不与老卒为伍",甚至于最后的失败也与此脱不了关系。

赤壁战后,由于刘备要进取益州,便调走了诸葛亮、张飞等人入川助阵,而留下关羽镇守荆州。于是,向来自傲的关羽就和孙权成了邻居。出于对大局的考虑,也出于对关羽的看重,孙权派出使者,替自己的儿子向关羽的女儿求婚。

不料,堂堂江东之主孙权,在关羽眼里不过是犬辈。他不仅傲慢地拒绝了这门亲事,还当着使者的面冷哼一声,十分不屑地说道:"虎女岂能配犬子?"

吃了闭门羹的使者灰溜溜地回去了,关羽骄傲地合上了大门。但他不知道的是,人生的有些祸根,就这样埋在你的性格中，埋在那些你看不起的小事里。

时间来到了公元219年。在江东，有一位名叫陆逊的将领。他年轻多才，文武皆通，却无什么名望，这一次，因为吕蒙的推荐，被孙权任命接替军事要职。陆逊对关羽性格的弱点了如指掌。他一上任，立刻修书，派遣使者将一堆礼物和书信送到了关羽府上。

信里大大地恭维了关羽一番，说他之前的水淹七军之战，比晋文公的城濮之战和韩信的背水破赵还要厉害，希望他再接再厉，还说自己绝不敢与他为敌。关羽一看来信署名是一介无名晚辈，马屁又拍得那么恰到好处，不禁得意了起来。他放松了警惕，做出了极为致命的军事错断，把后方用来提防东吴的军队全部调往前线攻打曹军。

在这紧张的时刻，关羽缺点被无限放大。他除了"刚而自矜"外，还有"善待卒伍而骄于士大夫"的不良习惯。对于那些荆州的地方士族，关羽很是瞧不上，这引起了部下极大不满。在关羽向北调军的时候，留守江陵、公安的糜芳、士仁没有积极地供应军需，这让关羽很生气，当场表示"还当治之"。

既然你回来了就要治理我们，那我们就干脆让你回不来吧。

内有糜芳、士仁反叛，外有吕蒙、陆逊进攻，北有曹军，南有吴军，可谓腹背受敌，四面楚歌。关羽只好败逃麦城，最终在弹尽粮绝之下，被俘而亡。关羽的死，彻底断送了隆中对的战略蓝图，也彻底断送了刘备兴复汉室的希望。可以说，从关羽丢掉荆州那一刻起，刘备便已失去了一统天下的机会……

2. 直男——张飞

在视频网站上，有一经典"段子"：刘关张三人初次会面，彼此志趣相投，于是有了结拜之意。为表达诚心，关羽当时对刘备说了许多慷慨激昂的话：

"但凭驱使，绝无二心""终生相伴，生死相随""有渝此言，天人共戮"……

可一旁的张飞却如同复读机一般，只是重复着同一句话："俺也一样！"

所谓话不在多，有心则诚，言不需烦，唯直而已。

张飞，就是这样一个"直男"。

在刘关张创业阶段，张飞刚直冲动的暴脾气可没少给刘备惹乱子。当时刘备刚从陶谦手里得到徐州不久，尚未站稳脚跟就和前来侵犯的袁术交战。刘备那时候是什么都缺，尤其缺人啊。算上自己，也就三人，领兵对敌自然离不开文武双全的关羽，那么坐镇后方、留守徐州的任务就只能交给张飞了。

可刘备深知张飞的性格,所以在临行前告诫他说:"你留守徐州责任重大,一定要改掉暴躁的脾气,注意团结同事。"

张飞一听,连忙拍着胸脯保证道:"您就放心吧,没问题!"承诺是承诺了,但是并没有用,因为就连张飞自己也管不了自己的"暴脾气"。

刘备前脚刚走,张飞就和新同事曹豹闹起了矛盾,一言不合,便吵着嚷着要杀了对方。这曹豹也不是省油的灯,眼看纷争已成,嫌隙无法弥合,便暗中联络吕布,来个里应外合,给徐州换了个老板。丢了徐州的张飞,心里一直对自己的暴脾气感到苦恼,他也知道这样不好,无奈就是改不了。

直到有人告诉他一个道理:刚直并非坏事,你只要把它用在正确的地方,那就大有用处。其实,张飞的勇猛刚烈,放眼整个三国,都是数一数二的,他和关羽并称"万人敌",素来有"国士虎臣"之称。

上一次在徐州,只是没有把自己的性格用在正确的地方而已,所以,当他将自己的性格用在正确的地方时,就有了历史上经典的一幕。

建安十三年,曹操挥师南下荆州,寄居在新野的刘备只能再次"战略转移"。为了延缓曹军的追击速度,张飞在危急时刻挺身而出,只带二十余骑硬刚对面数十万大军。当曹军浩浩荡荡地杀至当阳桥头时,只见张飞横矛立马于桥上,怒喝道:"身是张益德也,可来共决死?"

吼声如雷，震撼人心。

面对横矛立马的张飞，曹军竟无人敢动，张飞也因此为刘备争取了宝贵的撤退时间。经此一事，他终于明白：任何一种性格都是双刃剑，自己的刚直性子放在平时，可能会影响团结；但若是用在战场，则成了震慑敌人的利器。

每个人都是在经历中成长起来的，在刘备和诸葛亮的多次开导下，原先只是一味硬刚的张飞，也开始学会"刚柔并济"了。

建安十八年，刘备与刘璋决裂，正式开始夺取益州。为了加强攻势，刘备紧急召唤诸葛亮率领荆州军前来增援。接到命令后，诸葛亮、张飞、赵云决定兵分三路，最后会师于成都城下。这是张飞第一次作为统帅，独自率领大军团作战，心中除了紧张外，更多的则是兴奋。

按照事先的规划，张飞的行军路线是从江汉平原进入蜀地。他需要沿江西上，而挡在他身前最大的障碍就是军事要塞——江州。江州，便是现今的重庆市区，当时是巴郡的首府。不过，江州虽然地位重要，但当时防守的兵力却相当薄弱，因此张飞很快就将江州拿下，并生擒了对方的主将严颜。

看着一脸不服的严颜，张飞老毛病又犯了，他立刻指着对方怒骂道："大军已到，你何以不降？"

这严颜也是个硬脾气，张飞刚，他也对着刚："尔等无礼，侵夺我州。我州但有断头将军，无降将军！"

此言一出，张飞先是一愣，接着勃然大怒道："来人，把严颜拖出去斩了。"

严颜视死如归，神色不变，回怼道："砍头便砍头，何为怒邪！"

严颜的这句"何为怒邪"彻底点醒了张飞：要克制，要克制，要刚柔并济，不能一味刚硬。可能就连严颜都没想到，就是这一句话，居然救了自己一命。张飞不仅当场把他释放，还将其视为上宾款待。

当然，张飞之所以放了严颜，不仅是因为对方有骨气、自己要克制，而是有着更深远的考虑。如果每下一城都要杀掉主将，那便会遭到其余城池更加强烈的反抗，倒不如采用怀柔政策，放了一个严颜，也就瓦解了其他守将的决死之心。事实正如张飞所料，在严颜的帮助下，沿途诸多城池都不战而降，张飞很快便直达成都，顺利与刘备会师。

张飞向来以勇武闻名于世，但其实他的智谋也不差，否则又怎能成为位列武庙的一代名将呢？

建安二十年，曹操一举拿下汉中，并借助胜利形势不断向南侵入巴西郡。而这次带兵前来的曹营名将正是张郃。张郃是曹操的"五子良将"之一，一向以鉴机识变著称，这次派他前来也表现出曹操势在必得的架势，只可惜他遇到了自己的克星——张飞。

这次张飞没有像往常一样猛打猛冲，而是决定"智取张郃"。他先是以逸待劳，带兵据守，与张郃相持五十余日。任凭张郃如何叫阵，就是坚守不出，等到敌军士气消磨殆尽时，再派出部队主动挑衅。张郃这段时间可是憋了一肚子气，想着早点打败蜀军了事，就愤然带兵出击。结果中了张飞的计谋，被提前埋伏好的蜀军打得首尾不得相顾，最后只好弃兵而逃。

战后，张飞亲自手书："汉将张飞率精卒万人，大破贼首张郃，立马勒石。"并将其刻于巨石之上，大有燕然勒石之风范。

快意疆场，何其飒爽！

张飞除了是蜀汉上将外，还和刘备、关羽亲如兄弟。然而，正当事业蒸蒸日上时，关羽却遭东吴偷袭、不幸战死。这对于平日里与关羽"食则同席，寝则同榻"的张飞来说，是最为沉痛的打击。

复仇的怒火在心中燃烧，锋锐的蛇矛在手中颤动！

关羽死后，张飞变得精神恍惚、喜怒无常，一心只想为关羽报仇。尤其是在醉酒后，他怒气更大，甚至拿帐下士兵做出气筒。刘备得知后，苦口婆心劝道："你鞭打士卒，还让这些士卒依旧在你身边，早晚是要惹祸的，对待士兵应该宽容，不要情绪化。"

可张飞早已情绪失控了，对于刘备的话，他不仅当作耳旁风，反而变本加厉。他下令军中，限三日内制办白旗白甲，三军挂孝伐吴。当时，帐下将领范疆、张达对他说："白旗白甲，一时间没有办法安排上，需要宽限些日子才好啊。"

谁知这一句话惹恼了张飞，他立即下令让武士把二人绑在树上，每人"赏"皮鞭五十。结果在当天夜里，范张二人就趁着张飞醉倒，暗下毒手将其刺杀。一代名将，竟以这样的方式收场，实在令人唏嘘，也许这正应了那句名言："情绪压倒理智，便是人间产生罪恶的原因。"

如若张飞听了刘备的话，放下情绪，摆正道理，恐怕会有不一样的结局。

正如曾国藩所说："近来见得天地之道，刚柔互用，不可偏废。"张飞以刚成名，又因刚而败，只因他没有掌握好刚柔并济之道。

过刚者易折，善柔者不败。

如此结局，让英雄豪迈的张飞显得格外悲情。不过，这或许就是英雄的意义吧——既活出精彩，也留有遗憾。

四、经学思谋

1. 凤雏——庞统

常言道,人不可貌相,一个人的外貌并不是评价一个人能力的标准。

三国时期,就有这样一个人:他"浓眉掀鼻,黑面短髯,形容古怪",是世人眼中的丑男;但他在隐士高人水镜先生司马徽眼中,却是可与"卧龙"并肩的存在——"凤雏"。

他就是庞统。

庞统的梦想和大部分读书人一样,就是能够辅佐帝王,出将入相。不过,梦想是丰满的,现实是骨感的。虽然庞统年纪轻轻就表现出了过人的才华,本身也一直刻苦治学,但就是名声不够大,在多数人眼中,他不过是一个"其貌不扬"的臭小子。

既然自己的硬件太差,那就"包装"自己!当时最好的"包装"就是名流高人的品评，俗称"月旦评"。庞统深知其中的"套路"，为此，弱冠之年的他前去拜访"清雅有知人鉴"的司马徽。

二人见面之后，仿佛一对忘年交，就在桑树下聊了起来，相谈甚欢以至于忘了时间，直到夜幕降临才彼此告别。经过这次聊天，庞统有了一个新的名号——"南州士之冠冕"。这在当时就是最好的名片，有了这样一个名号，才有了与世家大族一起品茶论道的资格。

其实就算没有司马徽，庞统早晚也会声名鹊起，因为庞统有个名士叔叔——庞德公。这庞德公在荆襄名士圈很有话语权，就算是司马徽也得卖他的面子。不管怎么说，正是有了司马徽的这句肯定，庞统从一个籍籍无名的"草根"，摇身一变成了社会名流们的座上宾，而且现在的庞统已经有资格去品评别人了。他经常与其他名士一起品评当世人物，因为看人看得准、评人评得公正，不久之后，他又有了一个新名号——"凤雏"。

经过一番彻底的包装，一封推荐庞统的举荐信被送到了周瑜的办公桌上！

周瑜一看："嗯，不错，是个名人，让他给我当功曹试试吧。"

庞统就此开启了自己的官场生涯。后来，周瑜在西取益州的路上不幸病故。庞统护送着领导的遗体回到了江东。不得不说，庞统在江东的人气是很高的，江东士人多听闻过他的大名，纷纷前来与之相会。

然而，这并没有给他带来更多的政治回报。庞统的职位依旧是不起眼的功曹，这让他大有一种怀才不遇之感。此时的庞统渴望拥有施展才华的一片天地，在他眼中，自己虽然性情差了些，但是要"论帝王之秘策，揽倚伏之要最"，自己可是十分在行的。他这只"凤雏"，终归还是要去寻找一棵能够接纳自己的梧桐树。

思来想去，庞统将目光瞄向了刘备，毕竟此时的刘备是创业的上升期，正值用人之际，庞统去那里应该会得到更多的关注。然而事实证明，他想多了，到了刘备那里后，一个小小的耒阳县令就把他给打发了，这与刘备邀请诸葛亮出山时的"三顾茅庐"相比可谓云泥之别。

庞统当县令的消息很快传到了东吴，东吴都督鲁肃一下子就坐不住了，暗说这刘备怎么糊涂了！于是，他赶紧给刘备写信说："庞士元非百里才也，使处治中、别驾之任，始当展其骥足耳。"言外之意就是，你刘备让庞统做县令是大材小用了，赶紧给安排一个治中或者别驾的职位吧。与此同时，诸葛亮也向刘备极力称赞庞统的才华。

就这样，刘备将庞统招了回来，并与之促膝长谈了一番。至于这次谈话的内容，我们已是无从得知，但在这次谈话之后，庞统的地位就像坐火箭一样瞬间提升一大截！刘备先是安排庞统做治中从事，将其留在自己身边，后来又安排他做了军师中郎将，这可是与诸葛亮同等地位的高官了。

庞统是在刘备创业中期加入的，而且很快便担任了要职，这要是没有一点功绩，恐怕是有些说不过去的。所以，这时的庞统非常想找机会展示自己的才能，他想通过建立功勋来报效刘备的知遇之恩。

建安十六年，法正奉刘璋之命来邀请刘备入益州共拒曹操。

根据《华阳国志》，刘璋要刘备入蜀是听从了谋士张松的意见。其目的是："使之伐鲁，鲁必破；破鲁则益州强，曹公虽来，无能为也；州中诸将庞羲、李异等，皆恃功骄豪，欲有外意。"

刘璋邀请刘备入蜀有3个目的，首先刘备要先打张鲁，打完张鲁后，还要阻挡曹操，这是对外；对内要压制庞羲、李异等强势人物，使之不产生异心。刘璋的算盘打得非常好，但唯独没有把刘备的"心思"算进去。

结果法正与张松私底下向刘备献计谋取益州，刘备当然想要益州，可毕竟自己是靠"仁义"起家的，这样做多少有点儿不地道，相当于砸了自己的招牌。所以，刘备表示："我拒绝。"

庞统一看，机会这不就来了吗？他知道刘备心里面是想取益州的，只是想要以一种合理的方式进行。

嗨，主公是既想要里子，还想要面子啊！

好吧，我来成全他！

庞统立即面见刘备，一开口就讲了益州的重要战略意义，而且在诸葛亮的隆中对里，"益州"这一环是必不可少的。

但刘备也向庞统说了自己的顾虑："今以小故而失信义于天下者，吾所不取也。"

庞统见状，接着劝道："主公，这是大争之世啊，就算您不取，肯定也会被别人夺取。我们现在有机会获得，您为何要墨守成规，最后便宜别人呢？"

你不要，别人就要，这还不如你要了呢？

庞统一番话坚定了刘备谋取益州的决心。

其实，庞统的一番话只不过是向刘备点明了占据益州的好处，刘备怎能不知？这可以说是要占据益州的一个重要因素，除此之外，还有一个非常重要的因素，那就是孙权和曹操也想要益州。

赤壁战后，周瑜曾劝孙权进军益州："乞与奋威俱进取蜀，得蜀而并张鲁，因留奋威固守其地，好与马超结援。瑜还与将军据襄阳以蹙操，北方可图也。"

建安十五年（210年），孙权批准了周瑜的战略方案，只可惜周瑜走到半路就病逝了，而继任的鲁肃一向提倡"孙刘联合"，周瑜的"取益州"计划也就不了了之了。而刚刚在荆州有一席之地的刘备想要有更大的发展，放眼望去，也就只有益州了。

益州既是刘备集团早就已经锁定的目标,也是剩下为数不多可以去争取的地方。没有益州作为基业的话,刘备不仅无法对抗曹操,甚至还很可能沦为孙权的附庸。就地缘关系来看,刘备是"近水楼台先得月",更何况如今还有法正与张松做内应,这在很大程度上都比东吴和曹魏更有优势。此时的刘备必须要在其他人动手之前,早一步占据益州。

建安十六年(211年),刘备带着近两万人马踏上了入蜀之路。刘备进入益州地界后,刘璋命令地方官员负担后勤工作,刘备也抓住了这个机会,拉拢当地官员,树立自己正面伟岸的明主形象。之后刘璋从成都出发,前去迎接刘备,最后两人来到了距离成都360公里的涪县会面。

这是一场充满政治意味的会面,为了让刘备卖力,刘璋推举刘备为行大司马、司隶校尉,而刘备推举刘璋为镇西大将军、领益州牧。欢聚结束后,刘璋资助刘备米20万斛、骑千匹、车千乘等物资,让其北上开往葭萌关,抵御张鲁。此外,刘璋还将葭萌关附近的白水关守军交给刘备指挥。

可刘备到葭萌关后,没有丝毫动作,只是在收买当地人心。这样持续了一年之多,这让刘璋觉察到了不安的气息。与此同时,内应张松也因事情败露而身首异处。张松的死,让刘备与刘璋彻底反目成仇。

下一步刘备如何进军,则关系到能否顺利夺取益州。

为了能够顺利取得益州，庞统还为刘备献上了"上中下"三条计策："挑选精兵，昼夜兼行直接偷袭成都，可一举而定，此为上计也；杨怀、高沛是蜀中名将，手下有精锐部队，我们可以装作要回荆州，引他们轻骑来见，可就此将其擒杀，而后进兵成都，此为中计；退还白帝，连引荆州，慢慢进图益州，此为下计。"

刘备觉得"上计"太急，"下计"太缓，只有中计比较符合自己的谋划。正所谓"此大事也，不可仓促"，刘备的选择属实要比庞统更高明一些。

其实在史书中，我们经常可以看见这样的情况：一位谋士向主公提议三条计策，分为"上中下"，而大多数的主公都会"取其中"，这无疑算是一种文化传统吧。上计往往风险大、收益大，就像是股票；下计则风险小、收益小，类似储蓄；中计就比较符合"中庸之道"，风险适中，收益也算可观，如同基金一样。所以我们看历史上的很多主公都会去选择谋士的"中计"，而这些谋士也很讲规矩，他们总会按照风险的大小，将自己的计策排列下来，以供主公选择。

而且刘备在与曹操的多次竞争中，逐渐悟出了一套属于他自己的"处事法则"——操以急，吾以宽；操以暴，吾以仁；操以谲，吾以忠；每与操反，事乃可成。

事实证明刘备的选择是正确的，他率军一路高歌猛进，长驱直入。刘璋虽然派出了许多军队来阻击刘备，可结果不是被刘备打败，就是投降了刘备，建安十八年（213）六月，刘备已经南下到了雒城，距成都只有一步之遥了。

眼前就是成都了，大事将成了！就连平时"喜怒不形于色"的刘备也有些忘乎所以了，他大会将士，置酒作乐，志得意满。在酒会上，有些微醺的刘备拉着庞统说："今日之会，可谓乐矣。"

庞统一看这刘备还没进成都呢，"变脸"倒是学得挺快。一向精明的他，此时突然耿直了起来，在一旁说道："伐人之国而以为欢，非仁者之兵也。"

刘备一听到这句讽刺，立即没了笑意，大怒道："武王伐纣，前歌后舞，难道不是仁义之师吗？真不会说话，外边凉快去！"

过了一会儿，刘备清醒了不少，他意识到自己言语中的冒失，连忙把庞统请了回来。庞统回来后也不说话，也不道歉，只顾闷头吃喝。

刘备知他还在赌气，便问道："刚才我们的争执是谁的过失？"

庞统说道："君臣俱失。"

此言一出，二人一笑了之。

庞统的话之所以能让"喜怒不形于色"的刘备失态，其实是触及了刘备的"逆鳞"，他来取益州，心中始终迈不过那道"仁义"的坎儿，但你庞统非得揭人伤疤，非要扫兴，岂不是自讨没趣。

可能刘备真是高兴得有点儿早了，这雒城围了一年之久都没有攻破。刘备也着急了，于是在建安十九年（214年），他给诸葛亮传信，留下关羽镇守公安，其余人马上进入蜀地，两翼包抄成都。

这样的决定给了庞统压力。作为刘备身边的首席谋士，如果自己没能帮助刘备入主成都，那实在有些丢面子。面对这样的一个状况，庞统不得不做出一些"出格"的事情来——身为谋臣的他竟率众攻城，这和后来身为参军的马谡领兵对敌实是异曲同工。

本该在中军帐内出谋划策的马谡，因为带兵对敌而导致全军溃败；同样的，本该在刘备身边出谋划策的军师庞统，因为亲自冲锋陷阵而中箭身亡！

建安十九年（214年），刘备入主成都，成为益州的新主人，但此时的庞统已经看不到刘备的胜利了。对于庞统的死，刘备悲痛万分，同时也予以了高度评价："统，杀身成仁也。"

2. 谋主——法正

章武三年（223年）三月的一天，蜀汉上下迎来了最悲痛的一天。

这一天，蜀汉的建立者刘备病逝了。刘备病逝是因为夷陵之战的一场大败，这次失败既毁灭了刘备收复荆州的希望，也让蜀汉国力急转直下。

这时的诸葛亮，看着撒手人寰的刘备，感伤之余，怀念起一个人，就像曹操兵败赤壁后怀念郭嘉一样。

这个人就是法正。

诸葛亮曾感叹："法孝直若在，则能制主上，令不东行；就复东行，必不倾危矣。"

那法正究竟何许人也？竟让诸葛亮如此称赞。

说到刘备的智囊团，则首推"卧龙""凤雏"二人，其实在他们二人之外，也不乏一些个知谋善断之人，法正便是如此。如果单就"奇谋妙策"而论，恐怕连诸葛亮、庞统也要甘拜下风。

"见理之明，料事之审，一时谋臣，无出其右"，这便是对法正的最好评价。

法正的故事，还要从他当初的一次"跳槽"开始。

法正出身关中士族，名门之后，家境还是比较优渥的。但二十出头的他却要背井离乡，准备逃难到蜀地去。因为建安初年，东汉王朝发生了严重的饥荒，许多人都吃不上饭。当时，关中地区的饥荒尤为严重——"是时谷一斛五十万，豆麦一斛二十万，人相食啖，白骨委积……时南阳、三辅民数万家，避地入蜀"。

当时的蜀地与其他各地相隔绝，算是那个兵荒马乱岁月里的一方净土了。法正这地主家也没有余粮了，所以只能收拾行囊，前往蜀地避难。法正虽是名门之后，但来到蜀地的他，在当地的士族眼中，身上还多了一个标签——外来户。

外来户是会被排挤出政治中心的，即便是在同为外来户的刘璋执政时期，法正依旧遭到了"雪藏"。在来到蜀地的十年里，法正仅仅担任了一个小小的军议校尉，他郁郁寡欢，虽找不到一个可以尽心辅佐的明主，但却收获了一段友情。

他遇到了和他一样怀才不遇的益州别驾张松，二人宛如一对难兄难弟，常常就自己的遭遇一起吐槽，吐槽闲言碎语的同事，吐槽没有能力的老板，吐槽英雄无用武之地。直到刘备的出现，两人的吐槽声才彻底消失。

赤壁之战后，孙刘联军战胜曹操，张松既然在曹操那里吃了闭门羹，于是便建议刘璋主动联系刘备，建立好关系。刘璋向众人询问，应当派谁出使，张松合乎时宜地推荐了自己的亲信法正。

这种跑腿的工作，法正自然是不爱干的，但没办法，谁让领导就指定了他呢？可法正实在没想到，张松之所以举荐他去，是暗藏深意的——既然你法正号称"识人奇准"，那你就去替我观察观察，看看这刘备究竟是个什么样的人？

刘备见到法正后，"以恩意接纳，尽其殷勤之欢"，当然也是少不了一番"长谈"的。刘备的以礼相待让法正感受到了从未有过的温暖，最主要的是：法正在刘备身上，看到了希望！刘备的雄才大略，深深震撼了法正，让他感觉刘备才是自己一直要找的那个人。

回到益州后，法正第一时间就去见了张松，向他讲述了此行的收获，重点还是说刘备是如何的优秀，二人从此时开始便将刘备视作自己的新老板，他们的身份也由刘璋的下属，变成了刘备的间谍。

后来，刘璋邀请刘备入川，又是法正充当了使者。这次再见到刘备，法正没有了第一次的扭捏，直接将这一路上的盘算告诉了刘备："以明将军之英才，乘刘牧之懦弱；张松，州之股肱，以响应于内；然后资益州之殷富，冯天府之险阻，以此成业，犹反掌也。"

自此，法正便一直跟在刘备身边。也就是在这段时间里，君臣二人之间有了进一步的了解，他们不仅脾气相投，而且惺惺相惜，既是君臣，亦是好友。所以在刘备取得益州后，法正得到了与诸葛亮、关羽、张飞等人同等的赏赐，而且还摇身一变成了"外统都畿，内为谋主"的蜀郡太守。

如果说在"入川之战"中，法正充当了一个"间谍"，那么在"汉中之战"中，他便是一位运筹帷幄的天才谋士。

当时曹操赶跑了张鲁，先一步夺取汉中，但内部也出现了一些问题，所以只好留下夏侯渊、张郃驻守汉中，自己则返回了许都。法正见此良机，就赶紧为刘备献计："主公，现在正是夺取汉中的大好时机啊。得到汉中后，我们就可以广农积谷，观衅伺隙，上可以倾覆寇敌，尊奖王室，中可以蚕食雍、凉，广拓境土，下可以固守要害，为持久之计。此盖天以与我，时不可失也。"

法正在这里为刘备详细说明了夺取汉中的三个不同程度的好处：

第一，倾覆寇敌，尊奖王室。往大了说，汉中可以作为自己的前进基地、反曹桥头堡，如果运气好，甚至可以消灭曹魏，收复中原；

第二，蚕食雍凉。就算我们无法一举消灭敌人，也可以汉中为据点，逐渐向四周推进；

第三，足以自保。再不济我们还可以在汉中设立防御阵地，将敌人拒于国门之外。

可以说，法正的这波分析看似很普通，实则堪称慧眼如炬，日后诸葛亮的北伐目的与此一般无二。

讲完了夺取汉中的好处，接下来我们再看看当时汉中的形势。

从地理位置上来看，汉中平原处于秦岭和大巴山之间，在益州的北方，可以说是益州北方的门户。汉中可以作为益州前出的战略基地，或走褒斜道、党骆道、子午道进攻关中；可以走祁山道进攻天水，陇右之地；还可以向东从上庸、房陵、西城"东三郡"进攻襄阳。

退一步来讲，汉中也可以作为益州的防御纵深，蜀汉在此设置防御阵地,将曹操堵截在秦岭,以此来保护成都和巴郡。

另外,张鲁对汉中的经营也是汉中成为必争之地的重要因素。东汉末年大乱,中原战火纷飞,而此时帝国的西南地区却比较安宁。当时的汉中归属益州管辖,但张鲁以五斗米教为号召,开始收买民心,不断经营,最后在汉中建立政权,正式脱离了益州。

张鲁占据汉中后,做了一件重要的事,那就是"断绝斜谷",切断了由西北通往西南的官道褒斜道。这时汉中的北面是马腾的西凉,南面则是益州的势力范围。张鲁此举断北、南之联系,使其不能夹击自己,保证汉中之独立。但也正是如此,若有势力想要统一,无论是西凉、巴蜀,还是中原、荆州,必会先取汉中,以打通交通。

在这样一个相对独立的环境下,汉中更成了一方"净土"。张鲁曾雄踞汉中近三十年,在他精心的治理下,古汉中地区百姓安乐、经济富裕,达到了贫民按需供给、行人路不拾遗、商宅夜不闭户的安泰程度。

据《天师道史略》载,张鲁割据汉中期间,以道义之名设置了一处公用仓库,里面存有大量的米粮与肉制品。汉中地区的过往行人,或者在当地生活的贫苦百姓,都可以免费地在该处仓库中得到所需的米粮与肉制品。张鲁对"五斗米"道的这一沿革,在当地很得民心。这也足以说明当时的汉中粮食十分充足，才能支撑这样的福利政策。

这样的汉中，俨然成了诸侯眼中的一块肥肉，尤其是曹操和刘备。

有人说，对于刘备来说，得了汉中之地就像是一个"闪"字，相当于为蜀汉政权打开了一扇门；如果失去汉中之地，那就相当于一个"囚"字，蜀汉从此就失去了战略机动的基础。其实，就刘备当初的势力来看，关羽据守荆州大部，已经为蜀汉政权掌控了东出的大门，如果能够占据汉中，那就是为蜀汉政权打通了北上的大门。这样的话，蜀汉政权就有了更大的机动性。

建安二十二年（217年），刘备派遣张飞、马超等人攻打下辩，曹操派曹洪、曹休、曹真抵挡。前期，刘备一直想要绕后袭击曹军，截断汉中曹军与许都的联系，好将曹军孤立在汉中。刘备向汉中进兵的同时，分出一支奇兵进入武都郡，由吴兰、雷铜率领，以示进攻陇右或者关中的态势，同时牵制曹操的兵力。

但刘备的作战意图被曹军觉察到，所以不仅没有成功，反被曹军击溃，吴兰被斩杀，将士死伤甚多。此后，刘备率领主力屯兵阳平关附近。此时阳平关由夏侯渊、张郃、徐晃所守，双方在阳平关相持了一年之久。

可以说，刘备在汉中之战的前期并没有占据主动，而曹操此时也开始召集军队，准备支援汉中曹军。

建安二十四年正月，刘备南渡汉江，翻越阳平关南部的米仓山，强占汉中盆地中的军事要地定军山。此番深入虎穴相当凶险，虽然留下了高翔留守在阳平关外保护粮道，但一旦失败，刘备基本上就不会有下文了。刘备绕过阳平关，占据阳平关东南方向的定军山，这个进攻方向的改变为刘备打开了新的局面。夏侯渊也不得不将原先的西北重点防御改为东南重点防御来应对刘备的改变。

当时夏侯渊驻守南线据点"走马谷"，而张郃驻守东线据点"广石"。刘备采纳法正的"声东击西"之计，将万余精兵分作十队，趁夜轮番进攻广石。

张郃苦命支撑，大有招架不住的态势。夏侯渊只好分兵一部分去支援张郃。法正见此，便知道击败夏侯渊的机会到了。他提议全力进攻夏侯渊，刘备于是命黄忠居高临下从后方擂鼓突袭，夏侯渊在猝不及防之下被黄忠斩杀，曹军大败。

经此一役，刘备已经挽回了战争前期的颓势，开始占据上风，甚至开始对自己的部将们说："曹公虽来，无能为也，我必有汉川矣。"在接下来的一段时间内，曹操的战力虽然高于刘备，但由于运粮艰难、士气低落，最后不得不带兵撤出汉中。不过曹操在撤出的时候，也将汉中可控制范围内的百姓全部迁走了。

在某种意义上来说，汉中之战是奠定三国鼎立局势的另一重大战事。蜀汉政权从这场战争的胜利中，不仅提高了政权自身的地缘安全系数，也获得一个北上的大门，可以算是刘备的立国之战了，而法正则靠自己的谋略主导了这场战争的胜利。

在夺取汉中的第二年，法正突然去世了。法正的死，让刘备感伤，让诸葛亮慨叹。自此以往，蜀汉再也找不出如此顶级的谋士了，刘备再也找不到这么对脾气的朋友了。

孝直，去矣……

五、经天纬地

"先帝创业未半而中道崩殂，今天下三分、益州疲弊，此诚危急存亡之秋也。"

刘备的死，对于在夷陵之战中元气大伤的蜀国来说，无疑是雪上加霜。然而蜀国并未因此一蹶不振，相反，一个崭新的时代随着刘备的去世而开始了，那就是"事无巨细，咸决于亮"的"诸葛亮时代"。

在人们的印象中，他似乎可以呼风唤雨，洞彻古今。近年来，随着人们对真实历史的了解，诸葛亮渐渐走下了神坛，成了一个真实的历史人物。然而走下神坛的他，却魅力更胜往昔。

诸葛亮，出自圣贤之乡——山东。其祖上诸葛丰曾做过东汉的司隶校尉，其父诸葛珪也做过地方小官。从渊源上来看，诸葛家也算是个小士族。

由于父亲早逝，诸葛亮与弟诸葛均自小由其叔父诸葛玄抚养。诸葛家到了他这一代虽然已成败落之势，但其叔父诸葛玄好结交天下名士。也正因此，诸葛亮兄弟才可以在刘表治下的荆州过着半耕半读的隐士生活。

"躬耕陇亩，好为《梁父吟》"的诸葛亮，虽然看似是过着一种避难隐居的生活，其实却是一种怀揣梦想的等待。"晨夜从容，抱膝长啸"便是他心中情怀抱负的抒发。那他究竟在等待什么呢？

他等待自己才学充实，等待真主出现，也等待名动天下。先使自己成为千里马，再使得千里马之名远播，最后再去寻找正在寻找自己的伯乐。这便是诸葛亮隐居隆中所要做的事，听起来其人生前27年的规划称得上是"深思熟虑"。

汉末之世虽乱，但是两汉流传下来的"立功立业"的风气依然深入人心。陈蕃的"大丈夫当扫天下，何事一屋"，不仅是他个人的理想，也代表了汉末"名士阶层"的理想。这一点与魏晋时期的"空谈"风气是截然相反的。这也是同为乱世，三国时期被称作是"人才都会"，而两晋却"人才凋敝"的原因。这是社会风气和上流思想的差异所导致的两种截然不同的现象。

从"自比于管仲乐毅，时人莫之许也"的无名之辈，到"卧龙之声，天下震动"的隆中高士，"游学"和"交友"两种手段是功不可没的。

诸葛亮与之同游学习之人，皆非凡俗之人。崔州平是太尉崔烈之子，徐元直则是以游侠著名荆襄，何况其中还有家族联姻的有利途径。

逐渐地，诸葛亮便被以司马徽、庞德公为首的荆襄名士集团所接纳，并凭着自己出类拔萃的才学深为庞德公所欣赏，被品评为"卧龙"。正如太尉桥玄对曹操所言"君未有名，可造许子将"。曹操未有名，去拜见许子将；诸葛亮未有名，去拜见庞德公。最后两人都名动天下了。这就是当时名士品评的巨大力量，堪称"一语千金"。

既有了才学，又有了名声，最后一步便是寻求志同道合的明主了。恰逢此时，刘备寄居在新野。并在徐庶的建议下，主动去拜见孔明，因此便有了"由是先主遂诣亮，凡三往，乃见"的千古美谈——"三顾茅庐"。

刘备需要一个助他谋划天下，以成王业的大才；孔明需要一个"雄才伟略"的汉室宗亲。在徐庶的"接线"下，双方经过一段未曾见面的了解后，深觉对方便是自己要找的人，于是"三顾茅庐"也就水到渠成了。

正是因为双方都已经打好了提前量，所以才会有这次精心谋划准备提问与精心谋划准备回答的改变历史进程的经典对话——《隆中对》。

《隆中对》不能只看作诸葛亮对于天下格局的洞察与为刘备霸业所做的谋划，还可以看作是刘备与诸葛亮之间的一次互相考察和试探。它的伟大之处不在于它的预见性与战略性，而在于其中蕴含着一种"必然的自信"和"高度的切合"。

此时，诸葛亮就已经把一穷二白的刘备看作了"三分天下"的雄主，这是一种"必然的自信"。

而今后刘备集团的发展方向，大体都是按照《隆中对》所构建的路线来走，这便是"高度的切合"。仅凭这点，就足以证明诸葛亮是一个远见卓识的大战略家。

建安十二年，公元207年。在漫天飞雪不知飘向何处的隆中，刘备请出了那羽扇纶巾、经天纬地的诸葛亮。从此，命运的天平、格局的走势都发生了微妙的变化。而这一年，诸葛亮27岁，正是"书生意气、挥斥方遒"的大好年华。

现在网上流传着一句话，叫作"出道即巅峰"。诸葛亮可没有这样的好运气，他是"出道即遇难"。在他出道后的第二年，曹操便带着大军浩浩荡荡地杀向了荆州。无可奈何之下，诸葛亮只能跟随刘备，向南撤退。

望着身后紧追不舍的曹军，身前一望无际的江水，诸葛亮向刘备提议：去江东求救于孙权。天无绝人之路，你在找他，他也在找你。前往荆州观望局势的鲁肃正巧于当阳长坂遇到了逃难的诸葛亮一行人。双方一拍即合，一致认为：联合抗曹，方是百年大计。也许近在荆州的曹操还不知道，他的命运就这样决定于孔明与鲁肃的一次握手中了。

孙权有地盘、没威名，刘备有威名、没地盘。两人既然各取所需，又有诸葛亮、鲁肃等人的一力促成，"孙刘联盟"于是正式形成。

赤壁之战过后，刘备趁机夺取了江南诸郡，占据了荆州大部分土地。至此他终于有了"用武之地"，而这一切则要归功于诸葛亮的"联吴抗曹"之计。因此，诸葛亮从一个幕僚一跃而成为"军师中郎将"，并都督三郡、掌管税收，成了刘备麾下名副其实的"亲信"。

建安十九年，诸葛亮率领张飞、赵云并进，与刘备顺利会师于成都。攻取了益州的刘备论功行赏，封诸葛亮为"军师将军"并"署左将军府事"。从此诸葛亮开始了近十年的"坐镇后方、足食足兵"的留守生涯。无论是汉中之战，还是夷陵之战，他都能保证前线兵粮不乏，后方稳定无忧。

章武三年春的一个清晨，一行车队从成都大门疾驰而出。车上坐的不是别人，正是坐镇成都近十年的蜀汉丞相诸葛亮。车队昼夜不息，直向白帝城奔去。坐在车上、向来宠辱不惊的诸葛亮也不禁眉头紧锁、一脸戚容。他心中明白，也许今后的复兴大任就要由他一肩挑起了。

"君才十倍曹丕，必能安国，终定大事。若嗣子可辅，辅之；如其不才，君可自取。"奄奄一息的刘备给了诸葛亮信心、信任、权力，还有使他喘不过气来的重担；而他只能用尽心、尽力、尽忠与"鞠躬尽瘁，死而后已"的生命作为回报。

当然，为了减轻诸葛亮肩上的压力，刘备还给他安排了一个副手——李严。对于李严位列"托孤大臣"一事，后世之人有许多猜测，其中讨论的最热闹的当属"制衡论"（阴谋论），说刘备并不信任诸葛亮，所以安排了李严来监视他。

那刘备果真是这么想的吗？

首先我们先来确定两个事实：

1. 李严的确有才，足以担当重任。刘备是公认的识才明主，他一眼就能看出马谡的"属性"——"言过其实，不可大用"。所以他也不会看错李严，李严如果没有大才，是不会成为托孤重臣的。论资历、人望、才干，尤其是李严的身份，都比较适合担大任，因为他是一个"常年混迹于益州的荆州人"，可以帮助诸葛亮进一步融合荆、益二州的人心，促进团结。

2. 历朝历代之托孤，很少有托孤给一个人的现象，即便是伊尹、周公、霍光，他们也都有副手，所以刘备不可能只指定诸葛亮一人为托孤大臣，按照传统他也是必须有个帮手的，这本就与"制衡监视"无关，你总不能说当年周武王托孤周公、召公、太公，是为了让后面两人来监视周公的吧？

明白了上面这两点，我们再来看刘备对李严的官职调动。

章武二年，刘备兵败夷陵，将诸葛亮、李严征至永安，诸葛亮自来便是蜀汉的丞相，而这李严却是个地方郡守，此时是被临时拜为尚书令的。

五、经天纬地

章武三年春，刘备病逝，两人受遗诏辅佐少主，李严此时担任中都护，职责是：统内外军事，留镇永安。

尚书令是治理朝政的，中都护是护卫君主的，无论怎么看李严都应该和诸葛亮一样，返回成都料理大事，可刘备没有这样做，他偏偏让李严领了中央的活儿，却留在了永安最前线。

这是为什么？

刘备为什么给了李严一个"甜枣"的同时，又狠狠打了他一大棒？与诸葛亮相比，李严这简直就是一个被"外放"的托孤重臣啊！

其实答案很简单，如果我们了解唐太宗托孤这段历史后，就不会有什么疑惑了——唐太宗病重时，本想让李勣辅佐幼主，可他转念一想却把李勣给贬出朝廷了。对于唐太宗的行为，太子李治十分不解，既然你要重用他，为什么还要贬黜他呢？

唐太宗说："我这样做，是为了让你亲自召回他，这样你便是对他有恩，他会更死心塌地地效忠你。"

读了唐太宗的话，我们也就明白了刘备的安排，只不过唐太宗是想让李治对李勣施恩，而刘备却是让诸葛亮对李严施恩！

我们知道，唐太宗死后，唐高宗李治召回了李勣，使李勣死心塌地追随自己，最后在与长孙无忌一派的斗争中发挥了决定性作用；同理，诸葛亮也明白刘备的意思，所以我们看，在刘备死后，诸葛亮也开始按照事先的安排，对李严进行了"施恩"。

后主建兴四年，李严被调到了江州，开始修筑大城，而陈到被派遣去驻守永安。这江州是蜀汉东部防线的枢纽（如今的重庆），也可以称得上除成都以外的第一大城。我诸葛亮坐镇第一大的成都，你李严坐镇第二大的江州，怎么样？这安排还可以吧。

建兴五年，诸葛亮出师北伐，屯兵汉中，立刻将李严调回成都，坐镇中央。直到此刻，诸葛亮一直都在贯彻刘备的"施恩方针"，先帝把你放在前线永安，而我把你调回了中央，让你真正发挥"顾命大臣"的作用，够意思吧？

可以说，目前为止，李严都很满意，甚至是大喜过望。但接下来的事，让他很不爽了。因为他即便回到了中央也尝不到"第二权臣"的滋味。

为什么？

因为里里外外都已经被诸葛亮安排得妥妥当当了，他居然无事可做！朝廷的运转、边疆的防卫都不需要他操心，那他这顾命大臣还有什么用呢？诸葛亮把所有人的活儿都给干了，让他李严没事可做了。

不，有一件大事，还是李严可以做的——督运粮草。

但这种任务在诸葛亮眼里是"重任"，而在李严眼里却是"儿戏",因为两人对"顾命大臣"的理解是不一样的。

在诸葛亮眼里,刘备的托付便是——挥师北伐,兴复汉室。而北伐战争中最重要的不过"前线作战"与"后方运粮"两个环节,所以诸葛亮认为"运粮"是一项重任,既然自己负责前方作战,那李严自然可以负责"后方运粮"。

但在李严眼里,"托孤大臣"有着另外的含义——一人之下,万人之上,可以尽情地去享受权力带来的"快感",既然你诸葛亮是"第一权臣"了,那我李严就做个"第二权臣"也好啊。

其实呢,李严并非要与诸葛亮争权,他的素志无非是做个"诸葛亮之二",你诸葛亮权力第一大,那我李严起码第二大吧?所以他经常拍诸葛亮马屁,经常劝诸葛亮去享受手中的"权力",甚至还劝诸葛亮称王,想跟着一起升官,对于李严的这一小算盘,诸葛亮在给后主的上表中已经明确指出了——李严这个人是没什么坏心眼的,可是他"安身求名,无忧国之事,情在于荣利"。

在当时有很多名士朝臣,都以为自己该是"诸葛亮之二",比如廖立,李严自然也不例外,更何况自己本就是正经八百的"诸葛亮第二"。可事实并非如此,诸葛亮虽然身在外,但内政也安排得明明白白,很有系统,李严完全插不上手,可别提有什么多余的权力了。

他只能给前线运粮,当个督粮官,这让他很失望,很愤怒。这一切都是"诸葛亮北伐"惹的祸,所以他要忽悠后主,忽悠诸葛亮,在两人之间搬弄是非。等到事发后,李严的罪名是以下三点:"腹中有鳞甲""苏张之事出乎不意""以诬枉废"。

蜀汉建兴五年,在顺利联吴、平南之后,诸葛亮开始了他为期七年的"北伐战争"。

"出师一表真名世,千载谁堪伯仲间。"

在《出师表》中,没有说教,没有倚老卖老,有的只是诉说、恳求和以情动人。诸葛亮用一颗忠心,洒一片热血在述说着刘备创业时的那段峥嵘岁月。我们可以看出:在表中,用以维系"先帝""臣""陛下"之间关系的是一种发自内心的感情流露,而非遗命与权势。

在后主、在群臣、在后人看来,《出师表》不过是一位长辈对后辈的谆谆教诲,没有一丝霸道与强迫,字里行间充满了一种温暖的感染力。诸葛亮把忠心寓于亲情之中,不仅感动了后主与群臣,也深深感染了后世的忠君爱国之士。

在《出师表》中,诸葛亮明明白白地指出自己北伐的目的——兴复汉室,还于旧都。可这是他北伐的终极目标,并非眼前目标。那他的眼前目标是什么呢?对于北伐大业,他又是怎样谋划的呢?

其实,诸葛亮的北伐战略早在隆中时便已经计划好了。那时的打算是——两路出击,对曹魏发动钳形攻势,其实"汉中－襄樊"之战便是这一战略的一次试验，只不过这次试验是一步没有事先协调好的"私自行动"。汉中之战是刘备经过深思熟虑后发动的北伐战争，但襄樊之战却是关羽的"擅自行动"，而且是"合情合理合法"的擅自行动。

为什么这么说？

因为关羽受命驻守荆州，有着"假节钺"的大权，这也就意味着他有绝对的"自由行动的权力"，所以我们看这边汉中之战刚刚结束，那边襄樊之战就开始了。于关羽而言，他是认可诸葛亮制定的战略的，而且他也认为此时趁曹操于汉中新败，正是北上伐魏的天赐良机。

以上这些想法完全没问题，但有一点关羽给忽视了，诸葛亮在制定这项战略前，是有一个前提条件的，那就是——外结孙权。

只有在"内修政理，外结孙权"的前提下，才可以发动钳形攻势。而关羽北伐的失败坏就坏在"未能外结孙权"这一步上了。但即便如此，钳形攻势对于曹魏的打击依旧是巨大的。

荆州失守后，诸葛亮原先制定的北伐战略自然是无法完成了，所以他又制定了一个很稳妥的新战略——蚕食战略，简称"战略三步走"。

第一步，断陇右之地而据之；

第二步，一马平川直下长安；

第三步，兴复汉室还于旧都。

要想实现第一步目标，那就必须出兵雍凉，而出兵雍凉的要点便是——祁山一线。祁山在当时是很有战略地位的，魏明帝曹叡曾把祁山与东境的"合肥"相提并论，可见在曹魏眼中，祁山也是"兵家必争之地"。正因如此，诸葛亮才多次从祁山一带出兵北伐，比如第一次北伐。

诸葛亮的第一次北伐其实是最有机会成功的一次，也是影响比较大的一次。在此次北伐中，诸葛亮使用了一招看似"声东击西"、实则兵分两路的计谋，他先是放出消息，说自己将由斜谷道进军，实际上则是派赵云、邓芝代替自己出斜谷道，而自己却率领另一队人马直出祁山。

值得注意的是，诸葛亮这步棋虽有"声东击西"的意思在内，但又不完全是声东击西，如果是"声东击西"，那么赵云、邓芝所部的任务就是诱敌，就是以少数人马将曹真大军吸引过来，而他自己带领主力出祁山。

但事实上并非如此，赵云、邓芝部绝非"疑军"，任务也不是诱敌，而是实打实的一路蜀军主力，任务是要取得战果的。也就是说，诸葛亮是在兵分二路，绝非单纯的"声东击西"，这在后来第一次北伐结束后的上表中可以看出：诸葛亮在给后主的上表中，反省了自己的识人不明，其中提到马谡失街亭的过失，那是罪有应得，自不必多说；可还有一项过失是"箕谷不戒之失"，如果赵云一路的任务只是诱敌的疑兵，那兵力差距悬殊，即便败退也无可厚非，毕竟算是成功达成了吸引火力的任务，也犯不着降职惩戒。

从这里我们可以断定，诸葛亮这一步棋，既有声东击西的成分，也有兵分两路的意思。既然曹真大军被赵云一路吸引过去了，那诸葛亮亲率的这一路主力便成功占据祁山，造成的战略威慑也是相当之大——"三郡归附，关中震动"，就连魏明帝都紧张得亲率大军坐镇长安了。如果蜀军能死死钉住街亭－祁山一线，那诸葛亮的第一步战略就成功了一大半，只可惜马谡"天生谋士，缺乏将略"，最后还是把街亭给丢了。

第一次北伐的"虎头蛇尾"对蜀汉之士气造成了极大影响，这种功亏一篑的感觉，似乎要比大败而归更易使人心生怨。可诸葛亮毕竟是当世名将，他的将略不仅在军事上，也在政治上。我们看后来姜维大败后，百姓的反应是"大怨"；诸葛恪大败后，百姓的反应是"大怨"；而诸葛亮败后，百姓的反应是"民忘其败矣"，为什么差别会这么大？

因为诸葛亮在第一次失败后，做了下面几件事："考微劳，甄烈壮，引咎责躬，布所失于天下，厉兵讲武，戎士简练。"

这是什么？

这既是圣贤之心，也是政治手腕，孟子说"仁者无敌"，当你能把"仁义"作为一种资本与手腕时，那你就是无敌的。真正的名将，不仅要能于军事上战胜强敌，也要能于政治上收服人心。

对于诸葛亮的军事水平及特点，《袁子》一书中给出了十分公允的评价"其用兵也，止如山，进退如风，兵出之日，人心不忧""出入如宾，如在国中""盖持重者，应变非其长，故弃短用长"。

上面这三句话足以准确概括出诸葛亮的军事水平。

首先"止如山，进退如风"是说诸葛亮的"治军之法"与"布军之法"。他通常不会使用什么奇谋秘计的"诡道"，而是用"堂堂正正"的战阵之法击败对手。孙子的"兵者诡道"在诸葛亮这里成了"兵者正道"，后世岳飞的"撼山易，撼岳家军难"便是继承了诸葛亮这一用兵特点。基于诸葛亮这一用兵特点，所以我们可以发现：从来都没有人去劫诸葛亮的营，司马懿从不与之硬碰硬，但凡敢追击诸葛亮的人都死了……

其次，诸葛亮用兵达到了一种极高境界"出入如宾"，带军队进犯别人国家，就像是去做客一样，既不扰民，也不捣乱，还能和敌方的百姓一起协力耕种，"百姓安堵，军无私焉"，所谓"箪食壶浆以迎"也不过如此了。

最后，我们得出一个结论：诸葛亮用兵极其"稳重"，就如同他的为人一样，所以他要把自己的这一优势充分发挥出来。

五次北伐，终究是壮志难酬，无力回天。蜀汉建兴十二年秋，大汉江山的最后一位千古良相在五丈原含恨而终。其人虽已逝，千载有余情。他的志向、忠心、功业、品格都交付给了那五丈原上瑟瑟无情的秋风，风一刻不停，他的事迹便不会被后人遗忘。

陈寿在《诸葛亮传》曾高度评价其治国之才："识治之良才，管萧之亚匹。"在他看来，诸葛亮治理国家的才能与水平不仅胜过管仲与萧何，甚至比起伊尹和周公也不遑多让。他对诸葛亮推崇备至，在这篇《诸葛亮传》中不知不觉就用到了许多先贤来比喻诸葛亮：天下归心的周公、甘棠之思的召公、郑人讴歌的子产、富国强兵的管仲、足食足兵的萧何……

诸葛亮并非呼风唤雨的神仙，而是洁白如水的圣贤。

但凡圣贤，必有痴心。

何为痴？

痴，便是真，浮名如烟，纯粹无垢；

痴，便是勇，坚韧不拔，无惧无忧。

诸葛亮是一个痴心人，他以一己之力，苦苦支撑着已经摇摇欲坠的大汉江山。在他去世三十年后，蜀汉江山终究难逃灭亡的命运。也许这早在他的意料之中，就连这三十年间的军政大事也不过是按照着他的安排轨迹在运行着。

六、诸葛遗规

在诸葛亮死后的近三十年中，刘禅依旧做着他那"事不关己，高高挂起"的"太平天子"。对于后主的没心没肺，很多人深感羡慕，也有很多人疑惑不已，这样一个昏庸的人，为何在失去诸葛亮后，还能够维持三十年不亡国呢？

后世很多人都认为：诸葛亮这一生最大的失误，就是没有及时培养一些人才，以至于身死之后人才凋敝。

其实不然！

可以说，诸葛亮自从刘备去世的那一刻起，就开始培养各方面人才了。在诸葛亮辅政时期，蜀汉实行了"军政一体"的"军、朝、宫、府"四位一体组织原则。这种极度专权的制度，将整个蜀汉的方方面面都集中到宰辅一人手中。一般来说，这样的安排对皇权已然构成了极大威胁，甚至可以说，蜀汉的皇权，已经不存在了。

但正如后世所说，周公和王莽的最大区别便是一个"忠"字。值得庆幸的是，诸葛亮是又一个周公。正因如此，刘备放心他专权，刘禅任由他专权。

"军、朝、宫、府"的高度统一运作，不仅使诸葛亮可以放开手脚、一心北伐，也使得后方稳定，朝政清明。

在军队方面，诸葛亮掌握着整个蜀汉的主力——北伐军队。除此之外，蜀汉在边境的军力布置上大体分为"两点三线"。汉中和涪水关通常是主力驻扎之处，诸葛亮自然是长期驻兵汉中，其继任者蒋琬、费祎则多次屯兵于涪水，既能拱卫成都又可支援边境。

"两点"是蜀汉主力屯扎处，而"三线"则承担起边防重担。蜀汉东方与吴国交界处，设有江州与永安两道防线。江州是东线大军的大本营，永安则是桥头堡。由于吴蜀联盟的再度形成，东线守卫显然要薄弱于南北两处。

南方则有庲降都督全权统领，鉴于南方蛮夷屡次在地方造乱，所以庲降都督责任重大，担任此职位的人不仅要有过硬的军事才能，更要能感化和震慑住蛮夷，从这一点来说，马忠是蜀汉最优秀的庲降都督。与此同时的邓芝、王平，则分别是东线、北线最优秀的大将。

"汉贼不两立，王业不偏安。"蜀汉与曹魏势如水火，所以北方汉中防线则是压力最大之处。从魏延到王平，汉中的驻防策略一直都是拒敌于国门之外，直到后来姜维将其改为诱敌深入，围而歼之，才彻底改变了汉中的防守方式。

边境防线的合理配置，使诸葛亮能够放心北伐。在北伐大军的内部组织上，诸葛亮最为看重的便是出谋划策的参军和节度军戎的随军长史。因此，他对马谡和杨仪两个人都进行了对应的重点培养。

蜀汉政治组织沿用了东汉的原则，朝政归尚书台处理，而尚书令则是尚书台的中枢，拥有不小的权力。诸葛亮任用陈震担任尚书令，来处理朝中日常的事务，而军国大事却交由留府长史张裔和蒋琬来执行。由于诸葛亮被赋予了开府处理事务的权力，且军政大权尽归他一人之手，所以丞相府事务要比尚书台事务重大繁难得多。

尚书台的责任是率领百官，处理日常政务；而留府长史则要担起"坐镇后方、足食足兵"的重大军政要务。这也是诸葛亮后来选定蒋琬、费祎做继任者的原因。他早就开始培养磨炼二人了。

相比于府中、朝中，宫中最不要紧，其实也最要紧。因为侍中一职要担负起监督、服务皇帝的职责。说得简单些就是看着刘禅，让他无法胡作非为，让他"亲贤臣、远小人"。诸葛亮为刘禅选定了三位"看守人员"，费祎常年奔波于军前，郭攸之虽然行得正，但是性情温和；只有董允是个正直无私、敢言敢做的人，他不仅时刻教导刘禅，还担任着宫中的守卫工作。在董允的明察秋毫下，黄皓只是个小奴才，刘禅也只是个好孩子。

毋庸置疑，诸葛亮留下的制度与人才，延长了蜀汉的国祚。在诸葛亮指定的三个继任者中，费祎是不思进取的"保守派"，姜维是立功立事的"激进派"，蒋琬则属于"乘机而动"的"中间派"。

其实从一开始，诸葛亮就十分看好蒋琬，他曾在刘备面前盛赞蒋琬："社稷之器，非百里之才。"后来在北伐时，诸葛亮还给后主上表说："若臣不幸，后事付琬。"

关于蒋琬，还有一个知名小故事。在《三国演义》中有一回叫作"耒阳县凤雏理事"，是说庞统因为其貌不扬，而不受重用，被安排到耒阳县担任小县令。有一次张飞到耒阳县巡视，发现庞统整天醉生梦死、不干正事，于是勃然大怒，要不是庞统现场露了一手，估计他难逃"一顿鞭子"的厄运。

上面这个故事并非罗贯中首创，而是罗贯中使用了"移花接木大法"，将别人的故事强行安到了庞统身上，同时也是为了给这位凤雏先生加戏。而这段故事的真正主角便是蒋琬，只不过来巡视的人不是张飞，而是刘备，所在地也不是耒阳，而是益州的广都罢了。

蒋琬作为乘机而动的"中间派"，他有着自己的北伐考量。诸葛亮北伐时，其最大的敌人除了曹魏外，还有一个就是"粮草"，运粮不便，十分缺粮，所以每次都是因为粮食问题，导致不得不退兵。蒋琬针对这个问题，他做出了新的规划：由水路北伐！

具体路线就是由汉水、沔水乘舟东下，兵锋直指魏兴、上庸一带（即刘封、孟达早先镇守的区域）。但这一进军路线遭到了众人的一致反对，费祎、姜维等人认为，这个路线方便是方便，可万一进军不顺，那可就有进无退、有来无回了。顺流进军固然方便，可逆流退军却难上加难。

蒋琬思索再三，终于放弃了这条路线，依旧按照诸葛亮当初北伐的战略路线施行——用蚕食之策，断雍凉而据之，所以他命姜维担任凉州刺史，带领先头部队北伐，自己则率领大军紧随其后。

但这一切规划都需要有个前提，那就是"有机可乘"与"有朋来助"，说得简单些就是——如果蒋琬主动出师北伐了，那一定是曹魏内部发生了动乱或者孙吴方面率先出兵北伐了。比如曹魏内部爆发"辽东之乱"时，蒋琬就屯兵汉中准备北伐，可后来因为东吴临时反悔了，此次北伐也就作罢。

蒋琬虽然很"怂"，但他还有颗北伐的心，到了继任者费祎这里，就连"心"都没了。蒋琬对于北伐的态度是"须吴举动，东西犄角，以乘其衅"，而费祎是"以待能者"。干脆自己就不北伐了，固守就不错了，所以费祎当政时，姜维每次北伐都得不到支持，每次带兵绝不会超过万人。

蒋琬死了，费祎也死了，下面谁来接班呢？其实诸葛亮生前的安排是——董允。在当时的朝廷上向来有着"四相"

的说法,这四相依次是诸葛亮、蒋琬、费祎、董允,诸葛亮对于董允的培养和看重也绝不少于蒋费二人,无奈董允死得早啊。

董允一死,对蜀汉政局的影响是很大的,因为蜀汉不仅少了一个合格的丞相接班人,还让"宫中"变得乌烟瘴气起来了。

在费祎执政时期,由于董允的病逝,"军、朝、宫、府"四项权力中已经彻底丧失了"宫中之权"。刘禅开始自己随心所欲了,黄皓也开始玩弄权术了。待到姜维执政时期,四项大权中,也就只剩下了军权。而且这个军权也是不完整的,尚有一部分军权把持在与黄皓狼狈为奸的阎宇手中。

外有强敌,内有政敌,姜维的呕心沥血,换来的不过是穷兵黩武的责难与猜疑。可他仍不曾有一刻动摇与后悔,没有人能握得住天长地久,然而只要一念在心头,虽千万人,吾往矣!姜维是诸葛亮在军事上最为看重的人,这不仅因为他有着高出余人的军事才能和可以煽动凉州羌胡的号召能力,更是因为他身上有着一种立功立事的进取精神。

姜维数十年来,一心不忘诸葛亮的心愿,发动了数次北伐战争,他是三国后期唯一一个传承了前人信念的人。他毫不犹豫地接过"刘备在白帝城传给诸葛亮的火炬",以一个"外来人"的身份耗尽自己一生的热血,来奉行一种信念、坚守一颗初心。姜维身上所具有的一股冲天干劲儿,才是一种"革新的力量"。

纵然姜维立志建功，可现实却是残酷的。景耀六年，公元263年，蜀汉后主刘禅开城而降，延续四百余年的汉室火种彻底熄灭。当后主投降的消息传到军前时，蜀汉的热血将士们愤怒异常，以至于拔刀斫石。而直到后主的投降诏书传遍三军之时，姜维心中的火焰依旧没有熄灭。

他要借钟会之手，使"社稷危而复安，日月幽而复明"，可惜这"曲线救国"的计策最终没能如愿，只落得个身死国破的下场。复蜀计划败露，姜维这位企图改写历史的末路英雄，带着深深的惆怅与无奈，走到了生命的终点。

兴衰谁人定，胜败岂无凭？

一心想通过"立功立事"扶摇而上的姜维，没有扶起大汉江山，也没有扶起刘阿斗，甚至于没有扶起他自己。蜀汉一州之地，人才凋敝，后继无人，终究难逃覆灭，姜维的一生努力付诸流水。

但我想，他仍是无愧于心的，因为他带着复兴蜀汉的信念，战斗到了最后一刻。从某种意义而言，蜀汉精神的灭亡并不在刘禅出城投降的刹那，而在姜维悲壮死去的瞬间。姜维这一去，带走了三国时期最后的一点信念之光。

第二部

曹魏篇

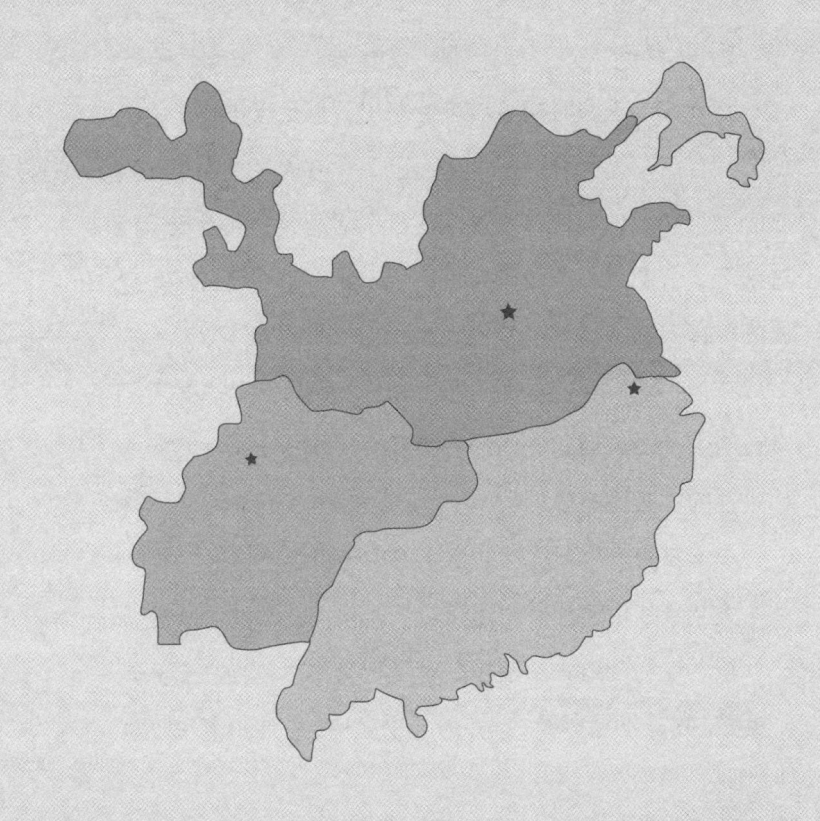

一、英雄本色

1. 来者何人

有人说，三国时期虽然英才辈出，但足以震撼千古人心的，只有诸葛亮和曹操两个人而已。也有人说，如果在网上发起一个"历史上最具争议人物投票活动"，那曹操定能排进前十。曹操，一个被世人争论了千年，且还将持续争论下去的传奇人物。

在他身上，我们看到了截然相反的两种评价，也看到了真诚与虚伪、忠诚与奸诈的完美糅合。在历史上，有很多人称赞他的功业才能。

史学家陈寿赞他："非常之人，超世之杰。"

大文豪陆机赞他："建元功于九州，故举世之所推。"

鲁迅也称赞道："曹操是一个很有本事的人，至少是一个英雄。我虽不是曹操一党，但无论如何，总是非常佩服他。"

但比起颂扬之声，历史上更多的声音是骂他。

《异同杂语》骂他"乱世之奸雄"，《世说新语》骂他"好梦中杀人"，刘知己说他"堪比王莽"，李世民说他"水平有限"。不过骂得最狠的当属罗贯中，他借小说之言，黑得曹操体无完肤、臭名远扬。

诚然，自历史出现曹操这个人以来，无论是当时之人，还是后世之人，对他的争议从来没有停止过。从他的身世、权谋，到他的功业、陵寝，无不充满了争议性。最不幸的是，在他死后千年尚能得罗贯中青睐，成为《三国演义》中的大反派，这无疑让他"悲摧了"几百年。

那争论了千年，终被后人平了反的他，到底是一个怎样的人呢？到底该不该为他平反呢？

我们只知道有句俗语叫作"说曹操，曹操到"。但很少有人会思考"来者何人"？曹操的父亲曹嵩不仅在历史上留下了一个"千亿买官"的名声，还给后人留下了一个至今说不清楚的难题——"未能知其出身本末"。

尽管如此，后世史学家还是尽可能地"还原"了一下曹某人的身世，其中最合理的一条说法便是——"夏侯氏之子"。这一点从曹操与夏侯惇兄弟的关系上可看出端倪，而且陈寿也默认了这一事实，他在《三国志·魏志·卷九》特意开设了一个合传，名字叫作——《诸夏侯曹传》。

"夏侯一族"能与"曹氏"合传，可见其关系之不一般；

第二部·曹魏篇

一、英雄本色

而"夏侯"还能排在"曹氏"之前,可见其地位之不一般。

平心而论,陈寿这个人是很有"史才"的,在浩如烟海的"24史"中,他的《三国志》其实是最接近孔子"春秋笔法"之"微言大义"的。他虽然没有直说曹操究竟出自何族,但却用这一篇"合传"表明了自己的观点。

公元155年,刚一出生的曹操就随父亲曹嵩,过继到当时非常有权势的宦官曹腾家中。对于这位毫无血缘关系的"祖父",幼年的曹操非但没有心生厌恶,反而对其颇为敬服。因为曹腾这个宦官有些与众不同,他并非作恶多端的坏人,而是一个聪明睿智且能举荐人才的官场老油条。

在汉安帝到汉桓帝五代皇帝、长达30多年的政治变迁中,曹腾始终屹立于政坛不倒,恩宠信任丝毫不减。在这期间,他不仅参与官员的选拔,还亲手拥立了两位帝王。一时之间,风头无两。

公元146年,曹腾因拥立桓帝之功,被擢升为大长秋,封"费亭侯"。从此汉室江山逐渐走上了不归路,而曹氏家族却慢慢兴盛起来。由于桓灵二帝的昏庸无道,使得朝廷的开销日益增大。眼看着国库亏了空、粮仓见了底,汉灵帝一拍脑门,就想出了个好法子——卖官鬻爵。

这下子倒好,堂堂的朝廷官职居然和市场大白菜一样,成了买卖的商品。主意虽然烂到极致,但汉灵帝却沾沾自喜,因为他看到了,大把的银子,流进自己的口袋。就在皇帝发布卖官公告的第二天，曹操的父亲曹嵩一咬牙拿出了"一亿钱"，买了个三公之一的太尉回来过过瘾。

曹嵩的这次"大手笔"不仅为他自己赢得历史上的一席之地，还间接地为曹操今后的发展奠定基础。因为此时的曹操不只是宦官之后了，他还是名公之子。

2. 治世能臣

成了名公之子后的曹操，开始了他游手好闲、游荡无度的纨绔子弟生活。他不仅胆大妄为，而且还不服管教，因此经常被叔叔责骂。为了对付这个"不识时务"的叔叔，曹操自导自演了一场苦情大戏。

有一次，曹操在家门口远远望见叔父走来，便立刻行动起来，只见他故意歪嘴斜眼，脸部抽搐得十分难看。叔父见到他这个怪样子，连忙关心道："孟德，你怎么了？"曹操装作说话艰难的样子，吃力地说道："叔……叔父，我……我好像中风了。"

这下子可把叔父吓坏了，他连忙小跑起来，赶着告诉曹嵩。此时的曹嵩正在书房里认真思索着"如何把买官的钱赚回来"，听了弟弟的话后，也是大吃一惊，立刻奔向大门口。待曹嵩赶到大门口时，却发现曹操跷着二郎腿，正在那里优哉游哉地举头望天。

曹嵩问道:"你叔叔说你中风了,可吓坏我了,没事吧?"曹操噘着嘴,一脸委屈地说:"哪有的事啊,就是叔叔不喜欢我,这才到您面前诋毁我啊。"狡猾的曹操成功在父亲面前告了叔父一状,从此曹嵩对其弟的告状采取置之不理的态度。而曹操则变得更加无法无天了,甚至干起了在别人新婚之夜抢人新娘的勾当。

东汉中后期,宦官势力一度达到了顶峰,曹嵩既然成了曹腾一族爵位合法的继承者,曹操于其中自是获利匪浅的。但宦官家庭也有着极大的问题需要解决,那就是名声。全天下的读书人一言不合便会指着你的鼻子开骂"阉人之后,本无遗德"。曹操的际遇似乎也是如此,陈琳已经给我们做出了示范。

少年时期的曹操无非是一个有点小聪明的纨绔子弟,甚至在"宦官之后"的影响下,他还比不上其他的膏粱子弟。他最缺少的就是"重名"。但无论其他因素怎样,我们都不能否认曹操是一个极具能力的人才。出于名声的考虑,曹操一改往日飞鹰走狗的玩乐态度,转而开始认真读书学习,并积极接触士族名流,太尉桥玄就是他人生中第一个接触的名人。

将其视之为"命世之才"的桥玄为他想了一个出名的好机会——"君未有名,可交许子将"。随着月旦评扛把子许邵的一句"治世之能臣,乱世之奸雄",曹操从"宦官之后"

摇身一变为"名士之风"了。

但名士不代表"能士",而"名士"也只是他成为"命世之才"的一个跳板而已。年满20岁的曹操在拥有了"名士"的标签后,通过"举孝廉"的考核制度,正式出道。

"举孝廉"是由大儒董仲舒提出的选拔官吏的重要考核科目,其作用便是为朝廷选拔出一些既懂"孝悌之道"又"清廉"的官员。这种制度在创立伊始为朝廷招揽了许多人才,可惜到了后来却慢慢变了味道。举荐大权落到了世家大族手里,他们以权谋私、任人唯亲,以至于到东汉末年出现了"举秀才不知书,察孝廉父别居"的可笑现象。

曹操的"举孝廉"不过是一个幌子罢了,以曹家的势力,要当官还不是轻轻松松。当官容易,当个好官却难。满怀救国救民理想的曹操,在其任内,以不畏豪强、依法办事的雷霆手腕,凭借"一己之力"支撑着风雨飘摇的大厦,挽救着这个腐朽的王朝。

他初入洛阳北部尉的衙门时,便叫工匠制造了几十根五色棒（类似于后世的杀威棒）,凡是犯禁者,无论身份地位,都将得到"大棒子伺候"的待遇。曹操的这些举动,在很多人眼里不过是做做样子罢了,没有人认为他会真的依法行事。

洛阳的权贵们自然不会把一个小小的北部尉放在眼里,他们依旧我行我素、作奸犯科,直到曹操的大棒子砸倒了小黄门蹇硕的叔父那一刻,权贵们终于认识到一个可怕的事实:

第二部·曹魏篇

一、英雄本色

原来这小子玩真格的啊!

曹操的这一举动,沉重地打击了宦官势力嚣张的气焰,同时也赢得了世人的尊敬与称赞。一时之间,名动京师,提起"打宦英雄曹孟德",百姓们都会竖起大拇指,赞一声:"好汉子!"

正所谓打宦官一时爽,事后心发凉。曹操的一时豪气虽然赢得了民心,但事后想起不由得冷汗直冒,因为他得罪的可不是什么小人物,而是整个宦官集团。

没过多久,报复便来了。在豪强贵族的反扑下,曹操的仕途终以罢官告终。虽然接连遭受邪恶势力打击,但曹操并没有丧失他的入仕初心,当国家需要他的时候,他依旧义无反顾、挺身而出,为清除宦官、剿灭黄巾出一份力。

可是朝廷的腐朽再一次地打击了曹操欲图拯救大厦将倾的决心,心灰意冷的他辞去了"济南相"的官位而选择"称疾归乡"。这两次的兜兜转转,虽然终以弃官结束,但是他却向整个朝廷与天下证明了自己的忠义之名。

3. 忠义奋发

公元 189 年,当怀着归隐之志的曹操走到陈留的时候,从京都洛阳传来了一个惊天消息:董卓乱政,残暴无道,汉室江山，风雨飘摇。

曹操早就看出了董卓不是个好东西，但他没想到此人居然如此胆大妄为，不仅滥杀无辜，还意图颠覆汉家天下。此时的曹操毅然放弃了归隐的打算，他就在陈留这个地方"散家财、合义兵"，成立了人生中的第一支军队，也第一个竖起了"讨董大旗"。

公元190年，在曹操的倡议鼓舞下，各方势力纷纷举起"讨伐董卓"的旗帜，一时之间在全国范围内形成了一股"讨贼锄奸"的浪潮。就这样，一个以袁绍为首，袁术、孙坚、曹操等人为骨干的诸侯联盟形成了。

山东豪杰云集响应，诸侯兵锋直指洛阳，残暴嗜杀的董卓终于害怕了。他为了躲避诸侯的兵锋，决定将洛阳城中所有人都迁徙到故都长安去。

"步骑驱蹙，更相蹈籍，饥饿寇略，积尸盈路。"

当诸侯大军赶到洛阳城的时候，眼前只剩下了"二百里内，无复孑遗"的苍凉景象，洛阳城已然成了一座死城！当年项羽的一把大火，烧得阿房宫三月不息；如今董卓的一把大火，使这千年古都化为灰烬。

曹操站在破败不堪的宫殿前，望着白骨遍地的凄凉之景，不由泪沾衣襟，愤而提笔，写下了这痛心疾首的《薤露行》：

第二部·曹魏篇

一、英雄本色

惟汉廿二世，所任诚不良。
沐猴而冠带，知小而谋强。
犹豫不敢断，因狩执君王。
白虹为贯日，己亦先受殃。
贼臣持国柄，杀主灭宇京。
荡覆帝基业，宗庙以燔丧。
播越西迁移，号泣而且行。
瞻彼洛城郭，微子为哀伤。

诗中以沐猴喻何进，以贼臣喻董卓，表达了曹操对此二人的痛恨。面对着董卓的滔天罪行，曹操主张立刻追击，铲除国贼。一个人的忠义对于天下大局并没有什么作用，有作用的是一群人的忠义。可惜十余路诸侯中，除了曹操、孙坚外，大家都是"私多于公"，他们想的是趁着国家动乱之际来分"一杯羹"，以达到利益最大化。

于是本该乘胜追击的诸侯大军，竟以互相内斗攻伐而瓦解，强者意图窥神器，小者欲图抢地盘，至于皇帝和国家，在他们眼中反而变得无足轻重了。恨铁不成钢的曹操在极度失望下，说了一句"诸君北面，我自西向"后，便愤然离开了。

看着诸侯大军的自我瓦解，坐镇长安的董卓可乐坏了。在迁都长安后，他把汉献帝安置在未央宫中，自己则在长安城东修筑了一座堡垒，取名"万岁坞"。

万岁坞的城墙又厚又高，足可与长安城城墙相媲美。他将大量粮食、珠宝藏在坞中，扬言道："成功，我就可以称霸天下；失败，我也足够在这里安全过一辈子。"董卓的算盘虽然打得响，却未曾料到他的心腹吕布会反水。几十万诸侯大军没能杀掉的董卓，却死在了亲信吕布的手上，这实在是个讽刺。

初平二年，曹操因击破黑山贼十余万众，从而为老朋友袁绍举荐为东郡太守。在成为东郡太守后，曹操出兵兖州，帮助鲍信击破黄巾30万。这次的成功剿贼，不仅使得曹操兵力剧增，也使得他在乱世之中有了自己的第一个地盘——兖州。

有了地盘和兵马，就能站稳脚跟吗？

当然远远不够。

在这个合纵连横的时代，你还需要站阵营。

当时的中原地区基本分为两大阵营，而这两大阵营的大哥分别是袁绍、袁术。袁绍、曹操、刘表为一个阵营，而袁术、公孙瓒、陶谦为一个阵营。知道了这一点，便也就明白了这个时期互相攻伐的动机。

在这期间，曹操先后对袁术、陶谦、吕布发动了战争，而且是胜多败少。可以试想一下，曹操此时虽然有了一定实力，可是比起袁术还是相距甚远，那他为什么敢于多次向对方开战呢？原因不言而喻，曹操的出击必然获得了背后的袁绍、刘表的帮助与支持。而袁绍与公孙瓒、曹操与陶谦、刘表与孙策本身就是仇敌,这样看来两大阵营的划分便水到渠成了。

阵营之外,两极对峙,阵营之内,各怀鬼胎。当袁绍忙着和公孙瓒争夺地盘、刘表雍容荆襄、吕布、袁术新败之时,曹操做了一件改变中原走向的大事。诸君痴迷于抢地盘,而我曹操却偏要抢名声、抢皇帝,抢出赤胆忠心来。

董卓死后,其残余势力依旧不弱,长安城内也是风起云涌、不得安宁,而其中最为苦命的当属当时的天子——汉献帝。

无论谁执政,他都是一个傀儡,而且是一个连衣食住行都无法保证的傀儡。对他而言,皇帝的尊严早已贱如粪土,权臣的逼迫更令他感到朝不保夕。正当汉献帝过着水深火热、生不如死的生活时,一只援手却向他缓缓地伸来。他如同一个失足落水的人,紧紧抓住了这离他最近的救命稻草,这根稻草就是曹操。

在荀彧、董昭的协助下,曹操从虎狼口中,成功地把汉献帝接了出来。他把汉献帝接到了许县(河南许昌),并将这里定为汉王朝的最后一个都城。从无家可归的流浪天子,到锦衣玉食的大汉皇帝,汉献帝终于找回了做皇帝的尊严。

曹操把汉献帝接到许昌后,便开始忙碌了起来。他一面大兴土木,为皇帝建造崭新的宫殿,一面整理朝纲、谦卑有礼,使皇帝恢复了往日的威严。甚至连衣食住行等小事,他都亲自过问，细致周到。

汉献帝刚到许昌的时候，曹操便上了一份叫作《上杂物疏》的奏折，说明了他向皇帝提供的生活用品，都是当年先帝所赐自己祖上的御用之物，自己不敢妄用，只能供奉起来以示皇恩浩荡，如今正好把这些物品还给皇帝。

曹操的这一手玩得十分漂亮，仅是通过一番说辞，就让廉价的日常用品变成了无价之宝，也让汉献帝感动得涕泗横流。为了感激曹操的勤王之功，汉献帝发布了他即位以来第一道符合自己意志的诏书，封曹操为大将军（全国军队总司令，地位在三公之上）。曹操的地位因拥立天子而直线上升，但有的人却不乐意了，甚至传达出深深的不满情绪。

4. 初心未泯

当天子的诏书到达河北时，冀州牧袁绍气得拍案而起，狠狠说道："曹操难道还想踩到我的头上去吗？别忘了，没有我的救助，他早已被人杀掉喂狗了，如今居然敢拿着鸡毛当令箭来命令我！"

袁绍一向以"四世三公"的家世自高自大，如今听说曹操居然做了位在三公之上的大将军，他岂能不怒，要不是顾忌着舆论走向，恐怕已经集合大军打到许昌来了。

为了安抚袁绍，曹操无私地把大将军之位让了出来，并

第二部·曹魏篇

一、英雄本色

谦卑地写信求和。"手握天子"的曹操并没有急于开疆拓土，反而尽可能安抚袁绍，以换取休养生息、伺机而动的时间。随着中原群雄的不断覆灭，袁曹两大势力终于到了一决雌雄的时刻。

公元199年，袁曹正式决裂，两大阵营集兵于官渡前线，同时展开了拉拢盟友的策略。而双方第一个拉拢的对象，则是盘踞在穰城的张绣。张绣与曹操曾有杀子之仇，而当张绣举众来降时，曹操不计前嫌、热情相迎。不仅封其做了扬武将军，还和他结成了儿女亲家。曹操的坦诚与度量，获得了天下人的称赞，无论是荆州的王粲还是关中的钟繇，都认为曹操必胜！

公元200年8月，曹操屯军黎阳，并派遣于禁屯兵河上。同年9月分兵守官渡，"官渡之战"一触即发！抓住时机的曹操，错过时机的袁绍，观望时机的刘表，中原格局的走向在三人的共同"努力"下有了结果：袁绍一败涂地，曹操一统北方！

当曹操带领着大军进入袁绍老巢邺城时，他终于按捺不住自己内心的激动，一行热泪从眼角渗出，这是喜悦之泪，也是自豪之泪。它似乎在向世人宣告：满地荆棘、哀鸿遍野的中原战乱，终于在我的手上完结了。

明代作家钟惺曾作《邺中歌》以叹曹操平定河北之功业。

第二部·曹魏篇

一、英雄本色

邺则邺城水漳水，定有异人从此起。
雄谋韵事与文心，君臣兄弟而父子。
英雄未有俗胸中，出没岂随人眼底？
功首罪魁非两人，遗臭流芳本一身。

虽然曹操做了很多有损口碑的事，但却没有人能够否定他的忠义之名与英雄之器。北方的再次一统，使曹操看到了天下归一的希望。

公元 208 年，已是汉丞相的曹操尽起大军，浩浩荡荡地杀奔荆州。临行前，他写下了传唱千古的《龟虽寿》。

神龟虽寿，犹有竟时。
腾蛇乘雾，终为土灰。
老骥伏枥，志在千里。
烈士暮年，壮心不已。
盈缩之期，不但在天；
养怡之福，可得永年。
幸甚至哉，歌以咏志。

垂垂老矣却壮志不减当年的曹操，带着那驰骋千里的豪情与一统天下的美好蓝图，南下荆州了。在他眼中，似乎已经看到了天下一统，百姓和乐的美好景象。

"折戟沉沙铁未销，自将磨洗认前朝。东风不与周郎便，铜雀春深锁二乔。"

孙刘联盟，疾疫突起，东风忽来，火焰腾飞，也许是上天故意和他开了个玩笑，在这"折戟沉沙"的赤壁，曹操那一统天下的梦想，彻底破灭了。

"赤壁之战"不仅改变了天下走向，也改变了曹操的后世评价——他正式从"流芳百世"走向了"遗臭万年"。

在此之前的曹操，匡朝廷、救天子、扶汉室、定天下；在此之后的曹操，赞拜不名，剑履上殿，进公称王，屠戮汉臣。昔日满足于"汉故征西将军曹侯"的他，竟说出了"设使天下无孤，不知几人称王、几人称帝"的狂语。

飘了，曹操彻底飘了！

有人说，一个人在极度成功后，会飘起来；但其实，一个人在遭遇大败后，也可能会飘起来！

试看古往今来，有多少大败之后依旧骄纵无边的枭雄！

但即便如此，曹操的心中仍保有汉臣的一丝情怀，面对着司马懿甚至孙权的劝进，他坚守住了身为汉臣的最后一丝底线——愿为周文王，至死不称帝。

5. 温情底色

公元220年的春天，洛阳城中弥漫着哀伤的气息。一位年近古稀的老人，在病榻之上有条不紊地安排着后事。在弥留之际，他没有表现出视死如归的豪迈，也没有表现出等闲视之的豁达，他只是缓缓地安排着家人们的生活琐事，直到他闭上双眼。

这个老人，正是曹操。

后世人眼中，只看到了曹操的奸诈虚伪，却忽略了他的真情真性。其实无论是对家人，对朋友，还是对敌人，他都有着温柔的一面。比如对待关羽，对待陈宫，以及对待自己的家人。

建安五年正月，曹操亲征徐州。天气尚未转暖，但曹军的气势却丝毫未被折损。此一役颇为顺利，曹军势如破竹地攻占了下邳城，将刘备赶走，还生擒了关羽。

关羽是曹军的俘虏，曹操却从未把他视为俘虏。他给予了关羽至高的礼遇，封他为偏将军，赏无数金帛，赐名驹赤兔，还慷慨地重用他。但曹操的心里也明白，他能留得住关羽一时，却留不住他一世。他们注定是要走向两条不同的道路。

那一天很快就来了，当关羽得知刘备的下落后，他毅然离开曹操，回到故主身旁。曹操的部下愤愤不平，想拦截关羽，但被曹操制止了。他淡淡摇了摇头："各为其主罢了，莫要再追。"

曹操与关羽，是国士之交。

在利益之上，有一份真情。

第二部·曹魏篇

一、英雄本色

曹操欣赏关羽，不计前嫌地给予了他很多，头衔爵位、钱财名马。这些都很宝贵，却还不是最难得的。最难得的，是曹操给予了关羽"成全"。

何为成全？

不是把我拥有的都给你，而是给你真正想拥有的。知道你心往何处，便由你去往何处。

成全是最好的交情，也是最彻底的真诚。

陈宫曾是曹操最重要的谋臣之一，在他的帮助下，曹操收兖州，破黄巾。但后来，二人分道扬镳，陈宫便成了曹操生命中的一道罅隙。他不但鼓动陈留太守张邈等人反叛曹操，还与吕布相勾结，在曹操攻打下邳的紧要关头，向吕布献计，偷袭曹操的老巢，以图渔翁之利。

可惜，吕布不是曹操。对于陈宫所出的诸多计谋，吕布并不乐意接受，最终命丧白门楼。而陈宫，也被绑到了曹操面前。是的，曹操再一次站在了昔日故人的眼前。只不过，物是人非，故人已成阶下囚。

面对此情此景，曹操百感交集。

半晌后，曹操开口道："公台，别来无恙吧。"

陈宫知道曹操想说什么，他抬头道："你这个人心术不正，所以我才弃你而去。"

"哦？我心术不正，那公台又为何去辅佐吕布呢？"

"吕布虽然没什么谋略，却不像你那般诡诈奸险。"

"公台自诩足智多谋,为何又会成了阶下囚?"

"哼,我只恨吕布不听我言。要是他肯听,我又怎会被擒?不必多说,今日不过一死罢了。"

"你死了,家中老母妻儿该当如何?"

"我既已被擒,就痛痛快快杀了我吧,至于老母幼儿,那就取决于你了。"

二人的对话就这么一来一往决然地进行着。曹操不忍心杀他,但陈宫却一心求死。曹操没办法,便吩咐手下:"立刻送陈宫老母与妻儿回许都养老,如有怠慢,定斩不饶。"说罢,眼泪已不由自主地流了下来。

陈宫听罢,不再开口,闭上眼睛,引颈赴死。

"送回许都,厚葬吧。"最后,曹操落寞地说道。

在情感层面上,陈宫曾是曹操的故人;在利益层面上,陈宫却是他绝对的敌人。给予这位复杂的敌人以充分的尊重,是曹操的真。他尊重陈宫弃己另投的选择,也尊重陈宫在其位、谋其事的所作所为,更尊重他慨然求死的志气。

尊重,是在人格层面上,真正把对方视为平等,不吹捧,不蔑视。

在 24 史中,女性或是集体失声,或是沦为附属品。妻子不过是丈夫的点缀,女儿也许只是用来交换的筹码,姐妹更是不配拥有姓名。

三国也不例外。

但在曹操身上，却难得地见到了男性对女性的爱护，见到了丈夫对妻子的温柔。

丁夫人是曹操的正室，但膝下无子，曹操便把生母早逝的长子曹昂交由她抚养。丁夫人对曹昂极为疼爱，母子二人感情很深。然而，好景不长，一切的转变发生在建安二年。

这一年，曹昂跟随曹操出征张绣，突遭偷袭，为了保护父亲，曹昂主动断后，意外阵亡。曹昂一死，丁夫人悲痛万分，并把丧子之痛归咎于曹操。她大胆地做出了一个决定：离婚，回娘家。

起初，曹操以为她不过是一时想不开，想在娘家冷静一段时间。没想到，日子一天天过去，丁夫人却依旧没有回来。这下，曹操又着急又愧疚，便亲自去丁府，打算把丁夫人接回来。

曹操来的时候，丁夫人正在织布。下人来通报，丁夫人并不理会。曹操走过来，轻轻抚摸着她的背说："夫人，跟我一起坐车回去吧。"

没想到，丁夫人头也不回，话也不答，只顾自己织布，仿佛曹操并不存在一样。曹操感受到了丁夫人的冷淡，心里一阵难过。他呆呆地站立了好一会儿，才返身走出了门。走到门口时，曹操又停了下来。对着屋里面那个沉默的背影，他不甘心似的再问了一次："真的不回去了吗？"

那个背影依旧沉默。

"既然如此,那便随你吧。"

他在心里向结发妻子做了最后的告别。

回去后,曹操给丁夫人写了一封信,告诉她,从此一别两宽,你是自由的了。多年以后,曹操病入膏肓,已不久于人世。有一天,他忽然愧疚地说:"如若九泉之下我碰见曹昂,该如何向他交代他母亲的去处啊。"

到最后,丁夫人还是成了曹操一生的缺口。对丁夫人的安抚忍让,是曹操的真情,也是曹操的温柔底色。心有猛虎,细嗅蔷薇,才是生活里的真英雄。

总论:

对于曹操这个集"忠奸"于一身的人物,从没有人怀疑过他的能力与本领,有所怀疑的只是他的忠心。但无论怎样评说,都不能否定:

他曾经是一个忠臣,但却不在乎流芳百世;

他曾向权臣的道路走去,也不在乎遗臭万年。

因为,他是一个真英雄,而英雄的本色正是走自己的路,让别人说去吧。

第二部·曹魏篇

一、英雄本色

"魏武挥鞭，东临碣石有遗篇。"

就这样，曹操带着这其中一言难尽的滋味，留给世人一个东临碣石的背影，留待后人去喜去厌，去夸去骂。

二、天下大势

东汉末年的混乱，很大原因是外戚势力与宦官集团的争斗引起的。皇帝生活在深宫大院，平日里接触最多的就是身边的亲人和宦官。如果皇帝比较独立，有自己的主见还好，但如果皇帝年幼，不能"管人"，而是"被人管"，那皇权自然也就成了摆设。

而东汉的皇帝恰恰都有这个问题。自从东汉的第四位皇帝汉和帝之后，东汉皇帝都是年幼即位。

殇帝刘隆：1岁；安帝刘祜：13岁；

顺帝刘保：11岁；岁冲帝刘炳：2岁；

质帝刘缵：8岁；桓帝刘志：15岁；

灵帝刘宏：12岁；少帝刘辩：14岁。

整个东汉皇帝的平均寿命也很低，只有26岁。如此一来，皇帝年幼，皇权变弱，为了维护国家权力机器的运行，太后便开始"垂帘听政",外戚自然而然会受到提拔重用,成为一股阻碍皇帝亲政的势力。皇帝大了,不满外戚专权,自然也会培植自己的势力与之抗衡,因此身边最亲近的宦官则渐渐受到重用。

外戚与宦官之间此消彼长,不是西风压倒东风,就是东风压倒西风,东汉朝政由此陷入恶性循环,持续百年之久。直到东汉末年,这样的政治闹剧才被一个野心更大的人说终结,这人就是——董卓。

董卓本是一介武夫,但"少好侠,常游羌中",后来又"数讨羌胡",因此在凉州一带很吃得开,颇有些名气。在西部地区领兵作战,虽说也算个"土皇帝",但毕竟是政治边缘人物。就连董卓自己恐怕都没有想到,有朝一日可以入主京都,所以他多次拒绝朝廷的征召,甘心在外做个自由自在的将军。

但是,大将军何进不允许他做个自在人。

何进是汉灵帝何皇后的哥哥,本来是一个屠户,但"一人得道,鸡犬升天",地位一路飙升,黄巾起义爆发后,更是拜为大将军,总镇京师。作为外戚的当代"掌门人",何进决定与宦官集团决战,彻底"一统江湖"。

当时宦官集团中最出名的组织叫作——"十常侍"。这"十常侍"是指汉灵帝时期就开始操控政权的十二个宦官。他们都任职中常侍,所以被称为"十常侍",其首领是张让和赵忠。他们玩灵帝于股掌之上,以致灵帝宣称"张常侍是我父,赵常侍是我母"。

现在汉灵帝死了,何进大权在握,终于可以收拾这些人了。当他把自己欲除掉宦官的想法与自己的妹妹何太后商议时,却遭到了反对。何太后说:"中官统领禁省,自古及今,汉家故事,不可废也。且先帝新弃天下,我奈何楚楚与士人对共事乎?"

对于太后这样的深宫妇人来说,宦官可比百官更可靠,所以她坚决反对何进的想法。何进一看没办法了,只好出了一个下下策——"多召四方猛将及诸豪杰,使并引兵向京城,以逼太后"。

而身在凉州的董卓接到命令之后,即刻出发,打着"清君侧,除宦官"的旗号,大摇大摆地向京都而来。要说这董卓的运气是真好,何进的运气是真差。这边董卓还在路上,那边何进就已经被宦官给反杀了,而何进的下属袁绍、袁术等人又为何进报仇,大肆杀戮宦官,可以说此时的洛阳城是你杀我,我杀你,乱到了极致。

张让、段珪等大宦官见势头不妙,只好带着少帝刘辩、陈留王刘协连夜逃出宫中,而此时恰逢董卓带兵赶到。他趁势救了皇帝,收编了乱兵,一手将持续了百年之久的戚宦之争送进了历史。

无论是宦官还是外戚,甚至是大汉王朝,都将在他手中被终结!

董卓入京都后，的确是来到了自己的人生巅峰，史书称他是"威震天下"。而他"威震天下"的绝招有4条。

1. 有精兵：自己带了些西凉铁骑，再加上收编了何进部、策反了丁原部，此时京都兵权在他一人之手。

2. 专废立：他以一己好恶就废掉了汉少帝，拥立了汉献帝，文武百官迫于兵势，竟无一人敢唱反调。

3. 据武库：整个国家的军事装备都握在手里了，你说吓不吓人？

4. 收人心：这是最难得的一条，也是差点要了董卓老命的一条举措。不管是谁，你都得有人拥护，不能做"独夫"。董卓也是知道这个道理的，所以他听从良言，起用天下豪杰担任各地郡守，可他万万没想到，自己任用的这些人居然丝毫不领情，反而调转枪头来对付他自己！本想着收买人心、拉帮结伙，却没想自己还是成了天下公敌。

初平元年（190年），关东群雄在曹操的呼吁下，结成了讨董联盟，据史书记载，此次联盟共有11路"大咖"（并非演义中的18路诸侯）。下面我们就来看看这些大咖是谁，顺便给他们分分类。在讨董联盟中，文人书生居多，11路诸侯大概可以分为这么几档：

1. 无用书生——韩馥（胆小怕事，不敢出头）、孔伷（清谈高论吹大牛）、王匡（稍微好一点，以任侠闻）、桥瑁（甚有威惠）、袁遗（勤学苦读）、刘岱、鲍勋、张邈（只能充个数）。

2. 袁绍、袁术（各怀鬼胎）。

3. 曹操（有志无力）。

就上面这些人在一起，能成事才怪呢？

数路诸侯，其作用竟还不如王允一计加上吕布一矛。

董卓死了，余党乱了，皇帝流离了……但这些都没有人管的，因为大家正忙着抢地盘，拉同伙呢，其中做得风生水起的当属袁绍、袁术两兄弟了。

袁绍为袁家庶子，袁术是袁家嫡子，袁绍名声大，袁术名声小……听着很绕，其实就是一句话——袁绍有天下名声，袁术有家庭地位。这哥俩若是能团结一致，那天下恐怕是另一个格局，只可惜两人非但不能团结合作，还势如水火，本是兄弟，却如同仇人。

袁绍和袁术不合的原因就在于——袁绍是庶出，但名声却大。这让袁术十分不爽，自己才是根正苗红，结果天下人都交口称赞他袁绍是人才，我袁术反而被他压着了？这心里哪能平衡啊，所以袁术在骨子里就对袁绍带有一种恨！当初各路诸侯选举袁绍为盟主时，袁术便十分不屑地说："群竖不吾从，而从吾家奴乎！"

在袁术眼中，袁绍不过是袁家的家奴，现在家奴的光芒盖过了自己，这还得了？

怎么办？

坚决打倒家奴！

出于"打倒家奴"的原则，但凡袁绍的提议，袁术总是唱反调，但凡袁绍的敌人，袁术都将视为盟友。

袁绍与公孙瓒因为冀州问题成了仇人，常年互相攻伐，袁术一看，立马就主动和公孙瓒联合起来，一起对付袁绍。这让袁绍十分愤怒，于是他也开始拉盟友，你袁术不是想派孙坚去打荆州刘表的主意吗？

那我就联合刘表对付你！就这样，袁绍和刘表结成了联盟。袁术一看，当然更加生气了，你袁绍不是和曹操自幼交好吗？那你俩多半已经"蛇鼠一窝"了，而曹操与徐州陶谦有杀父之仇，那我就拉拢陶谦做盟友。

就这样，二袁是一南一北，开始了各自的"扩张"，只要是对方的敌人，那就是我方的朋友，就是我要拉拢的对象。此时的天下已经成了"两极对峙"的格局了。

这两大阵营之间，你来我往，爆发了数次大大小小的战争。但袁术觉得这还不足以盖住袁绍的气焰，于是他做了一件大事——称帝！这下子是有"范"了，但他没想到的是，就因为自己这一愚蠢行为，导致己方阵营彻底解体，就连盟友孙策、吕布也调转枪头对准袁术。

两极阵营的斗争最终以袁绍的胜利而结束，两极相争的态势虽然消失了，但争斗却没有结束。而是以一种新的形式出现——一超多强。

袁绍在北方击败了公孙瓒，占据了青幽并冀四州，成为当时实力最强的一方诸侯；曹操占据兖州、徐州和豫州部分地区，开始崛起；孙策作为后起之秀，逐渐占据江东之地；刘表继续偏安荆州……

不得不提的是，曹操是袁氏兄弟相争中最大的受益者，如果没有他们两兄弟的斗争，曹操就不会获得成长空间，袁绍也不会想到，这样一个不起眼的小老弟，有一天会成为自己的最大敌人。汉末的乱局到此已逐渐明朗，新一轮的牌局已悄然开始。

建安四年（199年）六月，身在许都的曹操眉头紧皱。因为曾经和他一起和稀泥长大的袁绍这次是真的和他翻脸了，正率领十万精兵来讨伐他。历史上著名的"官渡之战"，悄然拉开了帷幕。

官渡之战，是东汉末年决定北方归属权的一场战争。自建安元年（196年）迎汉献帝归许都之后，曹操就开始了快速的扩张，他先后击败吕布、张绣、袁术，占据了兖州、徐州以及豫州部分地区，已经成了一股不容小觑的军事力量。

另一边的袁绍自不必多说，"四世三公"的政治背书和家族积累让他与其他诸侯相比，一开始就赢在了起跑线上。在曹操扩张的时候，他也没有闲着，而且其扩张成果比曹操更大——据幽州、冀州、青州、并州，尽有河北之地。

经过"两极对峙－一超多强"的大洗牌后，华北地区被曹操和袁绍这两股军事力量一分为二。

两人以黄河为界，袁绍占河北，曹操占河南。既然"一山难容二虎"，那便让"战争"来决定最后的胜利者吧。

其实，在正式开战之前，双方都在内部进行了一下"庙算"，也就是大的战略安排。袁绍这边的监军沮授与别驾田丰，曾估计了一下当前的形势："近来讨伐公孙瓒，出兵长达一年，百姓疲惫穷困，仓库没有积余，赋税劳役正多，应该先休养生息一段时间再谋进取。"

而至于如何进取，两人也做出了具体的谋划：

1.正名义：遣使献捷天子，若是不能通达天子，就上奏说曹操阻隔我通达天子的路径，这样我们就有了用兵的理由。

2.持久战：进屯黎阳，渐营河南，益作舟船，缮治器械，分遣精骑，钞其边鄙，令彼不得安，我取其逸。三年之中，事可坐定也。

在当时，袁绍是兵多粮多地盘大，而曹操地盘远不如袁绍，兵又不少，因此粮食特别紧张。所以沮授一语道破双方优劣：我方利于缓搏，敌方利于急战。但袁绍一贯主张"速胜论"，所以并没有听取这样稳妥的"三年规划"，而是要想速战速决，以雄兵急扫曹操，一举定天下。此时袁绍的心情，我们是可以理解的，因为几年后，当曹操攻下荆州时的心情与袁绍此时无二。

曹操的实力较之袁绍来说，还是弱一些的。毕竟地盘没有袁绍大，军事资源也赶不上袁绍。面对来势汹汹的袁绍，曹操的物质条件是远远不如的，所以他只好发扬自己的长处——精神力量。

曹操对手下人说："吾知绍之为人，志大而智小，色厉而胆薄，忌克而少威，兵多而分画不明，将骄而众令不一，土地虽广，粮食虽丰，适足以为我奉也。"这话无疑是曹操在给大家"打气"，同时其下属荀彧、郭嘉也要给曹操"打气"，从精神力量上鼓励着曹操与袁绍决战。

可战争并不是口水仗，最终还得是真枪真刀的拼杀。在战争一开始，双方便实施了各自的战略布局，曹操为了能够占据一定主动性，抢先进占黄河北岸的黎阳，在北岸建立了一个前沿基地，同时又让东郡太守刘延据守黄河南岸的白马渡口，还让大将于禁领兵两千，据守白马西边的延津。

这是曹操的第一道防御，为的就是能够扼守黄河南岸，阻碍袁绍进军。而后，曹操又在延津以南的军事要冲官渡集结军队，作为自己的第二道防御。这样的防御纵深能够很好地消耗袁绍，可就在这样一个大战一触即发的节骨眼上，曹操的后院却着火了——国舅董承自称领受汉献帝衣带诏，联合在下邳的刘备等人准备密谋诛杀曹操。

曹操为避免两面作战，于建安五年（200年）二月亲自率精兵征讨刘备，在击败刘备后，还收俘关羽。此时的曹操要对后方的刘备发动闪电战，自然需要抽调前方的一些兵力，以至于黎阳被袁军趁势占领,作为继续南下的桥头堡。接着,袁绍派出大将颜良进逼黄河对岸的白马,以保障自己的主力渡河。

这时的白马已经被颜良围困,曹操为了打击袁军锐气、争取主动权,便马不停蹄地亲自带兵北上,去解白马之围。曹操此次采取了声东击西、出其不意的战术,引兵先到延津虚晃一枪,伪装成要渡河攻袁绍后方的架势,使袁绍分兵向西应战,实际上却是带着主力直奔白马的颜良而去。袁绍果然中计,他分兵西进延津准备迎击曹军,却不料此时的曹操主力早已杀向了白马,出其不意地斩杀了颜良。

曹操解了白马之围后,迅速领兵西撤,此时袁绍也已经摸清了曹操的行军路线,于是迅速派大将文丑率五六千骑渡河追击。此时曹操手下只有一些先头部队,大部队还在后面呢?但就是在这种情况下,依旧斩杀了文丑。

文丑与颜良可以说是袁绍的左膀右臂,经过这几次交手双双被斩,而从这两次战斗中,我们可以看出曹军的两大特点:

1.善于急战、奔袭;2.战斗力高(兵精)。

而这两点早在战争之前,沮授便给袁绍指了出来,只可惜袁绍未曾听取。

经过前几次试探性进攻后,袁绍虽初战失利,但在兵力、粮草、物力等方面仍然占据明显优势。此时对于袁绍来说,最好的方式就是凭借自己的强大底蕴来消耗曹操。正如袁绍手下的谋士沮授所言："北兵（我军）数众而果劲不及南（曹军），南谷虚少而货财不及北；南利在急战，北利在缓搏。宜徐持久，旷以日月。"

但袁绍依旧置若罔闻，建安五年（200年）七月，袁绍选择了继续南下进军，与曹操相拒于官渡。两军进入了相持阶段，其间曹操也曾主动出击，但皆无功而返，于是只好继续坚守，以待战机。

两军你来我往，相持三月之久。这对袁绍并无影响，但曹操这边就扛不住了，"众少粮尽，士卒疲乏，百姓困于征赋，多叛归绍者"。

这时的战况已经充分说明沮授战略的准确性了，曹操一时间也没有了主意，便赶紧写信求问荀彧，商议退回大本营许都。当然，此时的荀彧也没有更好的方法，他只能继续给曹操灌输"精神力量"："绍悉众聚官渡，欲与公决胜败。公以至弱当至强，若不能制，必为所乘，是天下之大机也。且绍，布衣之雄耳，能聚人而不能用。以公之神武明哲而辅以大顺，何向而不济！今谷食虽少，公以十分居一之众，画地而守之，扼其喉而不得进，已半年矣。情见势竭，必将有变。此用奇之时，不可失也。"

总之就是一句话：您就接着坚持吧，说不上就有什么天赐良机了，您要相信自己，胜利最终一定是属于我们的！

第二部·曹魏篇

二、天下大势

曹操看了荀彧的回信后，我们不知道他有何心理活动，但我想他此时的心情可不像史书中说的那样"大受鼓舞"，反而是痛苦异常，说不上还会在心里暗骂荀彧一波，他此时最大的愿望大概就是荀彧信中提到的"必将有变"了。

不得不说，曹操是幸运的，因为没过多久还真就熬来了一次"天赐良机"，为曹操带来了战局的转机。

这一天，正当曹操为了粮草快要耗尽而发愁的时候，来了一个让他愁眉舒展的人。这个人正是原先在袁绍麾下效力的许攸。许攸在袁绍那里混得不开心，觉得自己的才华没有得到重视，于是愤而投敌。许攸的到来，给曹操带来了一个袁军的"军事绝密"——袁绍的粮草都囤积在乌巢，而且守军不多，只有淳于琼一队人马把守。你只要能够毁掉这些粮草，袁军不攻自破。

这天月黑风高，一队人马离开曹军大营悄悄向乌巢进发。每个士兵都换上袁军的衣服、身上都背有柴草，遇上袁军问话时，皆回答："主公（袁绍）怕曹操奇袭，派我们把守。"袁军不疑有诈，放其通行。到达乌巢后，曹军发动奇袭并大肆放火。

袁绍在得知乌巢被袭之后，知道自己现在只能放手一搏了，他一方面派轻骑救援，另一方面命令张郃、高览率重兵猛攻曹军大营。其实这是一场"时间的战争"，按照袁绍的设想，用乌巢之粮换取曹军大本营，是划得来的。

只可惜他运气比较差，乌巢终究是率先被曹军攻破了，而正在猛攻曹军大营的张郃等人直接投降了。张郃的投降造成了袁军的彻底崩溃，袁绍最后只带八百骑兵仓皇逃回了河北。

曹操虽在官渡胜了袁绍，但袁绍依旧占据四州之地，未伤根本，只可惜没过多久袁绍便忧郁而死。袁绍死后，其长子袁谭与三子袁尚，为了争夺继承权大打出手，而袁氏阵营的文武群臣也纷纷站队，最令人不齿的是袁谭居然和仇人曹操联手一起对付亲兄弟，这种令"亲者痛，仇者快"的无耻行为彻底断送了袁氏的江山。

三、军师联盟

《左传》有言："君子劳心，小人劳力。劳心者治人，劳力者治于人，天下之通义也。"自古以来，先祖们便推崇"智术"。汉高祖曾把萧何等谋臣的功劳视为"人功"，而把曹参等武将的功劳视为"狗功"。

此话虽糙，但理不糙，这体现出古人对谋士智慧的推崇与赞扬。

曹操与袁绍在起兵之初，曾对今后各自的发展做了一个简单讨论——

袁绍说："我凭借四州土地，北收匈奴，南据黄河，以争天下，必能所向披靡。"

曹操听后，笑道："我任用天下的智谋之士，那才真是无往不利。"

事实证明，曹操的看法是正确的。人才，才是取得成功的最重要因素；而"劳心"的谋士，则是人才中的精英。

与其他时期谋士不同的是，曹魏政权中的"谋士"具有更为特殊的时代意义。于曹魏而言，"谋士"不仅仅是一个具有"运筹帷幄"能力的个体，更代表着其背后的"士族力量"。

东汉以来，世家大族与清流名士的势力持续膨胀，以至于出现"四世三公""门生故吏遍天下"的鼎盛情况。官吏的选拔权掌握在世家手中，名士的塑造权也落入清流士族的手中。例如东汉以至于三国时期社会上盛行的"月旦评"，便是一种由名士大家主持的品评当世人物的活动。许子将兄弟的一句话，便可以使乌鸦变凤凰。

因此，在曹魏政权逐步形成的过程中，"士族"成了不得不依靠和拉拢的对象，而谋臣在曹魏集团创立的过程中也逐渐向"士族"靠拢，于是便形成了这一时期非常特殊的一种身份——谋士。

不仅要有智谋才略，还要有士族威望，这才是曹操理想中的最佳人才，也是曹魏政权的一根支柱。

说到谋士，则不得不提三国的人才孵化基地－"颍川"。颍川作为黄帝与大禹的故乡，自秦汉设郡以来，一直是京师之外人口最多、最为繁华的地方。特殊的历史背景与悠久的文化熏陶，使这片土地成为孕育人才的沃土。其中最具有功绩与声望的，当首推颍川荀氏，颍川荀氏的代表人物则是荀彧、荀攸叔侄。

第二部·曹魏篇

三、军师联盟

1. 荀彧：扶汉卫道

三国时期，逐一登场的各路英豪都想争当新时代的主宰，去推倒那奄奄一息的大汉王朝。然而，荀彧却选择站到旧时代的一边。他竭尽一生都在为大汉王朝的复兴而勤勉努力，甚至不惜献出自己的生命。

荀彧之祖父荀淑名扬天下，叔父荀爽曾任三公之一的司空，称得上是一家清流，名冠四海。荀彧继承了先辈的优良血统，不仅"为人伟美""清秀通雅"，而且博学多才、见识卓越，是个才貌双全的好儿郎。虽然他已经足够出色，不过，当时的世家子弟都是需要镀金的，而镀金的方式便是得到名士点评。

这对于颍川荀氏来说，真就不算什么难事，因为他们家的亲朋好友都是"当世名流"，要想得到一句赞美还不是轻而易举吗？

大名士何颙一见到荀彧，便惊叹道："王佐才也。"如此一来，荀彧声名日隆，很快就举孝廉步入仕途。但荀彧并不快乐，因为他很快便亲身经历了东汉王朝的至暗时刻——董卓带兵入京，废少帝刘辩，立献帝刘协，自为相国。

这般忤逆之行径冲击了荀彧忠君爱国的三观，他预感到这个王朝将会迎来一场巨变，而他必须要提前做好准备。荀彧果断辞官回乡，又带着宗族迁至冀州，后来冀州被袁绍所得，荀彧一时间成为袁绍的座上宾。

当时颍川士族大多投奔了实力较强的袁绍，比如荀彧的弟弟荀谌以及同郡的辛评、郭图都在袁绍帐下任职。不过没多久，荀彧就看出了袁绍的真面目——布衣之雄耳，能聚人而不能用，不足成大事。所以当弟弟和老乡挽留荀彧一起为袁绍效力时，荀彧婉言谢绝了。他不愿将汉室的未来，宗族的兴衰押在一个没有希望的人身上。

在众多豪杰中，荀彧将目光瞄向了曹操。

当然，荀彧也不是随便就选择了曹操。当年评价荀彧的大名士何颙，同时也评价了曹操："汉家将亡，安天下者必此人也。"言犹在耳，令荀彧下定决心，去看看这曹操究竟是怎样的人，于是荀彧拖家带口来到了曹操处。这让曹操大喜过望，赶紧拉过荀彧的手，对他说："吾之子房也。"

荀彧来投的意义是相当大的，因为颍川荀氏是当时世家大族的风向标，荀彧的投奔，意味着以后会有更多的名士来辅佐自己。

如此一来，曹操怎能不喜？

要知道，荀彧在以后为曹操效力的时候，推荐了一系列人才，比如荀攸、钟繇、戏志才、郭嘉、陈群、司马懿等人，都是名扬天下的智谋之士。

荀彧刚到曹操身边，就表现出了运筹帷幄的大局观。当曹操询问如何对付董卓时。荀彧建议曹操向东经略，不用去管董卓，因为他会自取灭亡："卓暴虐已甚，必以乱终，无能为也。"

果不其然，没过多久董卓就被吕布所杀。而颍川也被董卓余党扫荡了一遍，"杀略男女，所过无复遗类"，正应验了荀彧当初的预言。

荀彧不仅给曹操带来了发展规划，还带来了忠诚的种子。

向东发展的曹操迅速占据兖州，有了自己的立足之地。在征讨陶谦时，曹操带走了大部分兵力，兖州城防空虚。营中的陈宫、张邈见城中空虚，欲与吕布里应外合攻占兖州。一夜之间，兖州几乎全境倒戈，曹操手上只剩下鄄城、东阿、范县、东郡几个城池。

好在荀彧及时察觉，即使面对如此不利局面，依旧没有放弃站在曹操这一边，他立刻调回夏侯惇，以霹雳手段稳定了军心。以荀彧为首的坐镇后方的班底，经受住了创业时期最严峻的考验，而这考验的不只是谋略、机断、胆识，还有忠诚！

不是忠于曹操个人，而是忠于大汉天下。

当时董卓旧部李傕、郭汜二人发生内讧，汉献帝趁此机会出逃，下诏各路人马勤王。在要不要奉迎天子、建都许县的问题上，曹军内部发生了争执。多数人认为汉献帝是一个烫手山芋，不支持迎回天子，曹操一时也拿不定主意。

这个时候荀彧站了出来，他认为曹操理应迎回汉献帝，他解释道："诚因此时，奉主上以从民望，大顺也；秉至公以服雄杰，大略也；扶弘义以致英俊，大德也。"

荀彧的一席话点明了其中利害，代表了颍川士族的心声，也透露着对曹操的希望，希望他以后成为拱卫汉朝的大略雄杰，大德英俊。曹操认为荀彧之言有理，亲率大军进抵洛阳，奉迎献帝迁都许县。荀彧的这一建议是远见卓识的阳谋，从此让曹操获得了政治上的主动，也让汉献帝不再流离失所。

风雨飘摇的大汉，在荀彧手上获得了暂时的安宁。

公元199年，曹操与袁绍会战于官渡。大战前夕，曹袁双方强弱的对比一目了然。曹操阵营中许多人都认为袁绍无法战胜，甚至还有些人偷偷写信给袁绍表明愿意投降，就连曹操自己也毫无信心。

但就在这个时候，荀彧站了出来，他坚定地对曹操说道："绍兵虽多而法不振，田丰刚而犯上，许攸贪而不治，审配专而无谋，逢纪果而自用，此二人留知后事，若攸家犯其法，必不能纵也。不纵，攸必为变。颜良、文丑，一夫之勇耳，可一战而擒。"

袁绍的谋臣武将，在荀彧眼里不过尔尔，他甚至还预测了这些人最终的命运。而最令人佩服的是，这些预测竟都一一成真了。

神预测！这才是传说中的"神预测"。

在荀彧的大力支持与多方谋划下，曹操最终大破袁绍，一统中原。可以说，如果没有荀彧，那官渡之战恐怕就是另外一番景象了。荀彧虽然功劳极大，但从没有居功自傲过，他一直都是一个大德君子，而非一个谋士那样简单。

建安八年，曹操表奏荀彧为万岁亭侯，并在给汉帝所上的表中，赞其"虑为功首，谋为赏本""睹胜败之机，略不世出"。

曹操的评价可谓中肯，可荀彧却以自己没有战功而推辞了这份赏赐。曹操又立马给荀彧写信劝他接受，在信中深情说道："与君共事以来，立朝廷，君之相为匡弼，君之相为举人，君之相为建计，君之相为密谋。"

在曹操壮大的艰苦岁月里，荀彧确如他的张良一样，发挥了重要作用。只可惜，张良与刘邦终身相得，而荀彧却和曹操分道扬镳了。其实，他们二人一直存在着根本上的分歧。曹操胸怀霸业，对汉室也并非一忠到底，而荀彧则希望匡扶汉室，一生汉臣。

一个是权臣，一个是忠臣，他们终究无法同去同归。在有外部敌人的时候，二人勠力同心，一同抗敌。但在曹操破吕布、降张绣、灭袁绍、定刘表、败马腾之后，随着其政治野心越来越大，荀彧已经开始忧虑了。

建安十七年，曹操授意军师祭酒董昭制造晋爵魏公、加九锡的舆论。为了试探一下群臣的反应，曹操就此征求了一下荀彧的意见。本以为荀彧会赞成自己，却没想到碰了一个大钉子："本兴义兵以匡朝宁国，秉忠贞之诚，守退让之实；君子爱人以德，不宜如此。"

这就是荀彧的"心",匡扶大汉之心。

有人说,荀彧其实才是三国时期的二号谋臣,足以与诸葛亮比肩。他与诸葛亮一样,都是政治家,都是理想主义者,而非简单的政客、谋士。诸葛亮鞠躬尽瘁辅佐刘备,无非是为了"兴复汉室";同样,荀彧辅佐曹操,也是为了借助曹操的力量,尊王攘夷。

而现在,这个理想就要破灭了,自己竟然选错了人,这怎能不让他失望、愤怒,所以他要尽自己最后的一点力量,反对曹操的狼子野心。曹操没有想到,往日里与自己共谋一心的荀彧,竟然会在这个节骨眼上唱反调。他虽"心不能平",却也无法直接对荀彧下手。

荀彧作为士族的代表,影响很大,他"德行周备,非正道不用心,名重天下,莫不以为仪表,海内英隽咸宗焉"。更何况,他还是陪伴了曹操十余年的亲密战友,即便心中再怎么不满,曹操也舍不下这份情谊。

据《三国志》记载,荀彧最后是心忧成疾,得病而亡的。不过,《魏氏春秋》对荀彧的死给出了另一种说法:当时曹操赠送食物给荀彧,荀彧打开食盒,见盒中空无一物,而后服毒自尽。

荀彧自知对于曹操来讲,就如同这空盒一般,再无他用,以死明志是他对曹操最后的抗争。就在荀彧死后的第二年,曹操自称魏王,但也仅仅是"魏王"而已,他终究不敢跨越雷池，篡汉称帝，这也算是对荀彧政治理想的一种回应吧。

一个新时代的登台，意味着一个旧时代的谢幕。但荀彧终究没有违背自己的初心，活成了那个波诡云谲的时代里，底色最纯粹的一个人。

2. 荀攸：愚不可及

相比于叔叔荀彧的"鞠躬尽瘁，死而后已"，侄儿荀攸则选择了另一条路——事了拂衣去，深藏身与名。荀攸在曹营中是个特殊的存在：他功劳很大，脾气很小，虽奇谋妙计百出，却从不自言有功；他智冠天下，洞悉形势，却独独以"愚"立身，以"拙"处世。

荀攸在曹营谋臣中的地位与作用，仅次于荀彧。如果说荀彧是坐镇后方的萧何，那荀攸便是运筹帷幄的张良。在曹操统一北方的过程中，荀攸才是其智谋团的首席谋士，是官渡之战的总设计师。

汉末朝廷曾征海内名士二十余人，荀攸便在其中，官拜黄门侍郎。当时大将军何进为了扳倒"十常侍"，召董卓进京，结果却引狼入室。董卓带兵进京，擅权乱政，彻底扰乱了汉家天下。

荀攸看在眼里，痛在心里，他想要除掉董卓，便在暗地里与几位好友商议："董卓无道，甚于桀纣，天下皆怨之，虽资强兵，实一匹夫耳。今直刺杀之以谢百姓，然后据殽、函，辅王命，以号令天下，此桓文之举也。"

此等壮志豪情，倒颇有当年留侯张良刺杀秦皇的气魄。然而他们的计划却被对手察觉，荀攸和名士何颙作为带头人，自然是难逃牢狱之灾。进了天牢，十有八九是出不去了，何颙自感无望，便怀着恐惧自杀了。看着昔日好友死去，荀攸虽然悲愤，却没有选择放弃。即使身在囹圄，他依旧表现得淡然自若，一日三餐，餐餐不落，似乎自己马上就要获释出狱了。

胜利，终是属于那些多坚持一秒的人。没过多久，董卓便被王允与吕布杀掉，荀攸也光荣出狱了。此时重见天日的荀攸，已是获得了新生，他终于明白要想挽狂澜于既倒，仅靠一腔热血是远远不够的。

所以，他决定重新谋划，以崭新的眼光应对纷杂的时局。

侠客用剑，不过一人之敌，智士用计，可抵千军万马。

乱世棋局，唯有识者得先手。

荀攸便想占这个先手，所以他主动请缨，要去做蜀郡太守。当时天下大乱，唯有蜀中"形势险固，人民殷实"，没有被战乱所波及。所以荀攸想去蜀地谋立足之地，然后坐观天下成败，以图大业。朝廷虽同意了他的请求，但由于去往蜀地的道路并不通畅，他只好暂时停留在了荆州。

当时正值建安元年，曹操刚把汉献帝"忽悠"到了许都，开始以汉献帝的名义招募天下贤才。早已声名鹊起的荀攸，自然是在招揽之列的，曹操给荀攸写了一封信，信中说："方今天下大乱，智士劳心之时也，而顾观变蜀汉，不已久乎！"言外之意就是劝荀攸赶快出山，不要偏安蜀地一隅。既然自己无法拉起大旗干革命，那就跟对人去干革命吧！

荀攸秉持着这一原则，即刻动身前往许都，刚一到达便得到曹操的热烈欢迎。曹操甚至对身边的荀彧和钟繇说道："公达，非常人也，吾得与之计事，天下何忧哉！"从此，荀攸成了曹操的军师，但凡行军打仗，他必在曹操身边出谋划策。

建安三年，曹操征讨吕布，吕布节节败退，只好困守下邳，做最后的挣扎。吕布固守不出，曹军进攻不顺，眼看军队士气低落，曹操也萌生出撤兵的念头。但荀攸不同意，他分析道："吕布勇而无谋，今三战皆北，锐气衰矣。三军以将为主，主衰则军无奋意。今及布气之未复，宫谋之未定，进急攻之，布可擒也。"

同时又向曹操提出"引沂泗之水，灌下邳城"的计策，最终攻破城池，生擒吕布。擒拿吕布不过牛刀小试，决战官渡才是荀攸出奇制胜的高光时刻。

官渡之战初期，袁绍派大将颜良进攻白马，欲占据先手。曹操想打掉颜良，却无计可施，这时还是荀攸提出了建议："采用声东击西的战术，佯攻白马以西的延津，将袁绍的主力吸引过来，分散其兵力，然后抓住机会集中优势兵力，果断袭击白马方向的颜良。"

此一战，曹操成功斩杀颜良，解了白马之围。

袁绍见颜良身死，立即派大将文丑来追击曹操。曹军见追兵将至，人数众多，都认为应该退回营垒固守。这时荀攸却说："此所以禽敌，奈何去之！"曹操与荀攸相视一笑，心领神会，赶快将辎重丢下作为诱饵，曹军则等待追兵争抢辎重时迅速杀回。这一战，曹操成功斩杀文丑。颜文二将都是袁军中的名将，两次交战，先后被杀，袁军实力大减、士气大衰。

接着，在官渡决战之际，荀攸又极力赞成许攸的奇袭乌巢之计，帮助曹操赢得了官渡之战的最后胜利。官渡之战中，曹操能从原来的弱势，到最后的逆转，这其中最大的功臣便是荀攸。

平定北方后，曹操为了慰劳荀攸，立即为他向汉献帝请求封赏，曹操说道："军师荀攸，自初佐臣，无征不从，前后克敌，皆攸之谋也。"最终，荀攸被封为陵树亭侯，"荀军师"之名响彻天下。

得到封赏，是一件值得高兴的事情，荀攸的表弟辛韬也前来庆贺。私下里，辛韬问他："听说攻取河北，都是您的妙计，也给我讲讲当时的情况吧。"荀攸一向低调寡言，有关军国大事的内容从未对外泄露半句，对于表弟的好奇，他只是淡淡说道:"王师自往平之,吾何知焉。"

这是朝廷军队的功劳,与我有什么关系呢?

从此之后,家族内外再也没人向荀攸问及军国大事了。荀攸的低调内敛,让曹操十分赞赏,他不止一次地在众人面前称赞荀攸。曹操常对群臣说:"公达外愚内智,外怯内勇,外弱内强,不伐善,无施劳,智可及,愚不可及,虽颜子、宁武不能过也。"

荀攸就是这样一个人,不炫耀自己的长处,不夸大自己的功劳,即便有人能够在才智上和他比肩,但在德行上却远远没有人能望其项背。所以,曹操曾告诫太子曹丕说:"荀公达,人之师表也,汝当尽礼敬之。"

《道德经》说:"有道无术,术尚可求;有术无道,止于术!"

如果说荀攸的"智"是"术",那他的"愚"便是"道"。

3. 郭嘉:绝世赌徒

做人要惜命,但也要敢玩命。在适当的时候,豁出去,拼一下,往往会起到意想不到的效果。自始至终,曹操都是一个敢打敢拼的人。

他敢一人一刀,孤身刺杀董卓;

他敢虎口取食,挟天子令诸侯;

他敢丢下粮草，孤军深入敌巢；

他更敢以弱敌强，直接与袁绍开打！

正因为曹操本身喜欢冒险、喜欢玩命，所以他喜欢与自己具有同样嗜好的人，这个人就是曹操的"哥们兼谋士"——郭嘉。

郭嘉也是颍川人，当时天下纷乱、群雄四起，郭嘉也准备出去找份工作。不过他这个人很挑剔，一般的老板，他还瞧不上眼呢，比如袁绍。袁老板在当时可谓是如日中天，"四世三公，名动天下"几乎成了全国人民的共识，天下英雄一提起袁绍，无不心向往之。虽然袁绍对远道而来的郭嘉，给予了很高的礼遇，但时间一久，郭嘉就看出袁绍的"礼遇有加"，不过是"徒效周公之下士，而未知用人之机"。

既然袁绍不是一个有前途的老板，那他也就没有待下去的必要了。在临行前，郭嘉对袁绍的谋士、自己的老乡辛评、郭图说："袁公多端寡要，好谋无决，欲与共济天下大难，定霸王之业，难矣！"

这是一次别开生面的面试，因为面试的结果不是老板刷掉了应聘者，而是应聘者开除掉了老板。于是郭嘉再次回归山林，继续自己的隐居生活。直到建安元年一封信的到来，再次燃起了他外出找工作的信念。

信中只有一句话：此处工资优厚，老板很对你胃口，速来！

信的署名是——荀文若。

当时，曹操颇为器重的一位谋士戏志才刚刚去世，伤心之余，曹操写信给荀彧，让他再给推荐一位可以接替戏志才的谋士。于是，荀彧便想到了自己的小老乡郭嘉。

当郭嘉站在曹操面前时，不由得双眼一亮，这时他心中隐隐感觉到眼前这个人，也许就是自己找寻已久的"最佳老板"。在一番热烈的交谈后，郭嘉离开了曹操的营帐，在走出大帐的那一刻，他激动地说出了四个字："真吾主也！"而就在他说出这四个字的同时，帐中的曹操同样发出了一句感叹："使我成大业者，必此人也。"

就这样，君臣二人一拍即合，一场勘定乱世的大戏由此拉开帷幕。

来到了曹操身边的郭嘉，很快就表现出了过人的战略意识。他对时局的把控，对敌人的了解，以及对人心的揣摩，成了曹操诸多战役胜利的关键。正是他那天马行空、敢想敢拼的奇谋妙策，为曹操杀出了一条争霸之路。

当时曹操讨伐张绣失败，正憋了一肚子闷气，而恰在此时，袁绍给曹操写了封信，嘲讽他损兵折将的"光辉事迹"。对于嚣张跋扈的袁绍，曹操心里早就不爽了，只是没有与其较量的实力与勇气罢了。

就在这时，郭嘉的进言，为曹操打足了气！由于郭嘉曾与袁绍有过一段接触，加之本人一向看人奇准，所以他提出了一个"十胜十败"的论断。从政治措施、政策法令、组织路线及个人修养、心胸气量、文韬武略等十种因素分析了曹操能够取胜的原因。

曹操听了郭嘉的论断后，心里十分高兴，表面上却谦虚说道："哎呀，奉孝过誉了，我哪里承担得起呢？"

"十败十胜论"一经传出，立刻带动了整个曹军的士气，这让曹操在接下来的官渡之战中信心大增。为了避免在与袁绍决战时出现腹背受敌的情况，郭嘉又为曹操提出了"一揽子"作战计划：对付袁绍前，先把后面的吕布和刘备收拾了，这样可以永绝后患，安心与袁绍决战。

可吕布也是一代勇将，更有陈宫辅佐，哪里是那么容易对付的呢？

面对固守下邳的吕布，曹操进攻了大半年，仍是没有任何进展。就在曹操准备放弃时，郭嘉却看到了常人无法看到的胜机。

他以项羽为例劝谏曹操拼命急攻，并解释说："昔项羽七十余战，未尝败北，一朝失势而身死国亡者，恃勇无谋也。今吕布每战辄败，气衰力尽，内外失守。布之威力不及项羽，而困败过之，若乘胜攻之，此成禽也。"

曹操依计而行，一面攻城，一面决堤水灌下邳，最终攻克坚城，擒杀吕布。灭掉吕布后，刘备成了曹操后方唯一的"毒刺"。此时袁绍大军已经集结得差不多了，随时都可能向曹操的地盘进发。曹操想要攻打刘备，又害怕袁绍趁机进兵，一时间拿不定主意，便问郭嘉如何决断。

只见郭嘉胸有成竹地说："袁绍性迟多疑，来必不速。刘备新起，众心未附，急击之必败。此存亡之机，不可失也。"于是，曹操率军亲征，大破刘备，虏其妻子，擒了关羽。而情况正如郭嘉所料，袁绍果然毫无动作。

建安五年，曹操与袁绍正相持于官渡。这时，一个令人不安的消息传到了曹营：江东孙策，准备发兵偷袭曹操的大本营许都。

曹操得到消息后大吃一惊。孙策的本事他是知道的，对方真要是准备偷袭许昌，那曹操必定会陷入进退维谷的困境。就在这人人自危的紧要关头，郭嘉却不慌不忙地对曹操说："孙策那小子在江东杀了不少豪杰，难免不会遭人报复。而且他为人轻率大意，要对付他，恐怕一个刺客就绰绰有余了，主公何须担心？"

果不其然，孙策刚集结好队伍，尚未渡江，就被仇敌门下的刺客给暗杀了。这或许是巧合，但不得不说，郭嘉是一个极具冒险精神的人，这一点与曹操不谋而合。试想如果孙策没有被刺客所杀呢？如果孙策真的带兵袭击许都呢？那恐怕将会是另外一番局面吧。

官渡战后，曹操欲趁势扫灭袁绍残余势力，一鼓作气将袁绍的两个儿子袁谭和袁尚消灭掉。正在曹军势如劈竹，连战连捷时，郭嘉却语出惊人："建议主公立即退兵。"这让一向足智多谋的曹操也吃了一惊。

他解释说："急之则相持，缓之则争心生。不如南向荆州若征刘表者，以待其变；变成而后击之，可一举定也。"曹操听后大喜，立即收兵向南，假装进攻刘表。袁氏兄弟见外敌已退，便开始一心一意争夺继承人之位，最后同室操戈、兄弟阋墙。袁氏兄弟发生内斗，曹军则乘虚而入，将其各个击破，最后袁谭战死，袁尚逃往乌桓。

而这一切正如郭嘉所料。

北遁的袁尚成了曹操心中的隐忧，他想北上发兵以绝后患，但又很担心身在荆州的刘表乘虚而入。这个时候，"郭大胆"再次挺身而出，帮曹操下定决心。在郭嘉看来，刘表不过是个"坐谈客"，怎么可能有胆量来捣乱呢？

何为"坐谈客"？

说白了就是只会坐着吹牛，而缺少实际行动的人。

这样的一个人，又有何惧？

郭嘉再次给了曹操勇气，助其下定决心，远征乌桓。北上行军，路途遥远，郭嘉担心行军速度过慢，被敌方察觉会有所准备。于是他提出了一个令人瞠目结舌的计策：扔掉所有辎重，每人带点干粮，轻兵速进，攻其不备。

稍微有一点兵法常识的人，都知道"兵马未动，粮草先行"这句名言。对于一支军队来说，粮草辎重就是生命线，而现在,郭嘉就是要通过自断生命线,来取得战争的胜利。

疯狂,简直疯狂,但曹操却采纳了这个疯狂的想法。

于是,我们就看到了这样一幕:轻装简行的曹军,如神兵天降般出现在单于庭前,乌桓兵猝不及防,溃不成军。"远征乌桓"一役不仅成为中国战争史上兵贵神速、出奇制胜的经典战例,也为曹操彻底扫平北方奠定了基础。

不过,仗虽然打赢了,但曹操却高兴不起来。因为在返程途中,郭嘉因长时间的日夜辛劳,再加上鞍马劳顿,突发疾病而亡。曹操得知消息后,悲痛不已,连连叹道:"奉孝死,乃天丧我也!"

郭嘉于曹操,犹如法正之于刘备,他们不仅是君臣,更是知己。

郭嘉一向放浪形骸,不治行检,曹操又何尝不是呢?

郭嘉一向敢于冒险,勇于拼搏,曹操又何尝不是呢?

也正是如此,曹操才格外看重郭嘉,直言"唯奉孝能知孤意",甚至还准备在"天下事竟,欲以后事属之"。

郭嘉的整个人生不过短短三十八年,却将其中十一个大好春秋奉献给了曹操,帮助他完成了许多人用尽一生也无法完成的事业。他就如一颗流星般划过夜空,虽然短暂,但却璀璨。

4. 贾诩：隐匿之道

贾诩，江湖人称"三国第一毒士"。之所以说他是"第一毒士"，是因为他当年干了一件影响很坏的事：曾为李傕、郭汜等人献计攻占长安，不仅加速了汉朝的灭亡，也使天下大乱，百姓流离。

一言可以兴邦，一言可以亡国，这就是贾诩的魔力。

贾诩出身武威郡正统的儒学世家，早早就声名远播。当时的凉州名士阎忠曾评价他有"良、平之奇"。说贾诩像张良、陈平，不只是说他很有谋略，同时也是说他"善于自保"。要知道，张良、陈平能在大肆屠戮功臣的汉高祖手上活下来，保命之术自然是极高的。同样，贾诩也是此中高手。

年轻时的贾诩身体不好，因而辞官返乡，但就在他返乡的路上遇到了劫匪。眼看着就要被劫匪活埋了，贾诩却一点儿也不慌乱，只见他淡定自若地对劫匪头目说："我段公外孙也，汝别埋我，我家必厚赎之。"

当时戍守西北边疆的大将正是太尉段颎，段颎智勇双全，威震西土，深受当地人的敬爱，所以贾诩便假称是段颎的外孙来吓唬对方。劫匪一听，不仅没有杀贾诩，还热情招待了一番，然后放他平安离去。就这样，贾诩借段颎的威名躲过一劫。不过，这只是他"小试牛刀"而已，与他之后的一系列"神操作"相比，简直不值一提。

初平三年，吕布和王允诛杀董卓。董卓死后，其部下李傕、郭汜等人不得不准备逃亡。而就在这个时候，带着"救世主"光环的贾诩出现在众人面前，他对已经收拾好行李的李郭二人说道："王允准备杀光我们凉州人，反正横竖是个死，何不召集军队、攻上长安，赢了可以得天下，输了再死也不迟。"

贾诩一席话，看似为大局着想，实则为自己考虑。成则平步青云，败则另谋他处，对他而言，并没有多少损失。如果抛开道德不谈，仅从个人利益出发，贾诩给李傕、郭汜等人的建议是正确的，他不但保住了凉州军的生机，还让他们东山再起，把持朝政。

李郭二人依计杀回长安、诛灭王允，控制了中央政权。二人回过头来一想，这次之所以能够成功，多亏了贾诩的计谋，所以准备封贾诩为侯。但贾诩坚辞不受，二人又想封他做尚书仆射，他还是拒绝了。

这倒不是他有谦让美德，而是他对时局看得清，虽然李郭攻下了长安城，可他还是嗅到了危险的气息。多年来"保命的直觉"告诉他，此时绝不能成为别人关注的焦点，只有隐藏好自己，才有机会成就大业。

果不其然，李郭二人后因利益冲突而兵戈相向，最终同归于尽。凉州旧部也死的死，逃的逃，唯有贾诩没有受到任何牵连。原来，他早就看出李郭二人不是当老板的料，于是早早辞职，带着自己的家人，投奔了当时屯驻在华阴的同乡段煨。

段煨表面上对贾诩礼遇有加，心底里却一直担心贾诩会夺自己的兵权。这点小心思贾诩怎么会看不出来？出于安全考虑，他决定去寻找一个靠谱的新老板。

这个老板就是张绣。

张绣也是贾诩的同乡，而且身边正缺少像贾诩这样的出谋划策之人，于是两人开始互相写信沟通感情。几封书信后，张绣就派人把贾诩接走了。当时就有人就问贾诩："段煨将军待你这么好，你为何还要离去？"

贾诩笑着说："煨性多疑，有忌诩意，礼虽厚，不可恃，久将为所图。我去必喜，又望吾结大援于外，必厚吾妻子。绣无谋主，亦喜得诩，则家与身必俱全矣。"

贾诩这一走，一举三得：段煨不用担心贾诩反客为主了；张绣得到了一个优秀的军师；而贾诩则能够确保自己生命无忧。事情的发展正如贾诩所料，张绣对贾诩"执子孙礼"，段煨也对贾诩的家人照顾有加。

有了张绣这个靠山，固然可以衣食无忧、生命无虞，但若是这个靠山也倒了呢？自己岂不是要遭受池鱼之殃？张绣虽强，但在诸侯中，却还排不上号儿。于是，贾诩又开始为自己的身家性命谋划了。

在众多诸侯里，最有发展前景的无非就是袁绍和曹操。而恰在此时，袁曹双方都派遣使者来拉拢张绣。一边是四世三公，坐拥四州的袁绍；一边是刚刚战败，相形见绌的曹操，

第二部·曹魏篇

三、军师联盟

这如何选择还用说吗？

于是，张绣热情款待了袁绍的使者，准备向袁绍投诚，然而就在此时，贾诩却突然说道："袁本初连自己的亲兄弟都容不下，又拿什么来包容天下英雄呢？"

此言一出，举座震惊，袁绍使者更是当场拂袖而去。事后，张绣埋怨贾诩说："袁绍如此强大，先生为什么要拒绝他的好意呢？"

贾诩解释道："绍强盛，我以少众从之，必不以我为重。曹公众弱，其得我必喜。我这是为将军提高分量啊。而且在我看来，袁绍绝非曹公敌手，将军尽管放心吧。"

就这样，贾诩跟着张绣一同投入曹操麾下，从此找到了一家靠谱的公司，再也不用担心倒闭的风险了。

到了新公司后，贾诩也着实露了几手。

曹操占据荆州，贾诩劝他不要继续进军，曹操不听，最终赤壁大败；

在面对马超的西凉联军进犯时，贾诩一招"离间计"让联军分崩离析，不攻自破，助曹操一举定关中。

目前看来，曹家公司是不会倒了，自己若想继续混下去，就只剩下一道难关——让老板满意。

如何能让曹老板满意呢？

贾诩知道自己是"外来户"，并非曹操的亲信旧臣，而且本身又策谋深长，这对于生性多疑的曹操来说，无疑是一个潜在威胁。所以想让曹老板满意，那就让自己变得没有危险性吧。

"阖门自守，退无私交，男女嫁娶，不结高门"，这就是贾诩降低自身危险性的方法，总结起来就是四个字——装小透明。

闭门不出，藏在家中，没事少说话，有事也尽量少说话。贾诩就是凭借着这招，过上了幸福的生活。可是，你不去招惹麻烦，并不代表麻烦不来招惹你。

麻烦，往往不请自来。

当时曹操还没有确立太子，曹丕和曹植争夺太子之位的较量早已是暗潮汹涌。

那时的曹植才名方盛，深得人心，大有赶超曹丕之势。这让曹丕忐忑不安，于是他偷偷派人问计于贾诩。公司继承人的有力竞争者前来求教，是不好推脱的，所以他只好说一些无关痛痒的场面话："愿将军恢崇德度，躬素士之业，朝夕孜孜，不违子道，如此而已。"

"做个好人，做个孝子吧，这样就足够了！"

这就是贾诩的回答。

同样烦恼的除了曹丕，还有曹操。

曹操也不知道立谁为继承人，他也想找一个人给自己提一些建议，于是也找到了贾诩。这一次，贾诩彻底懵了，既然逃不过，那就给他来个"闭口不言，装聋作哑"。

当曹操问贾诩立谁为世子时,贾诩犹如未闻,只在一旁低头沉思。曹操也是一只老狐狸,贾诩越是含含糊糊,他越想问清楚对方的看法。在曹操的刨根问底下,贾诩终于招架不住,只好开口答道:"臣刚才突然想到了几个人,所以没能立刻回答。"

曹操问道:"是谁?"

贾诩回答:"袁本初、刘景升父子。"

一句看似不是回答的回答,表明了贾诩的态度。他以袁绍、刘表为前车之鉴,暗示曹操不可废长立幼。曹操听后大笑,贾诩也放下了始终悬着的心。

吉人之辞寡,躁人之辞多。

不管是对曹丕还是对曹操,贾诩始终寡言相对,也正是他这种超然物外的态度,使自己一直远离政治斗争的漩涡。

曹丕即位后,贾诩被封为太尉,晋爵寿乡侯,死后更配享太庙,享尽荣宠。

生前鹤立,死后哀荣。对于贾诩来说,活着才是最大的成功,至于其他,不过顺其自然罢了。

其实,谋士是一个高危职业。作为谋士,你必须懂得展示自己的聪明,体现自己的价值,不言则已,言则必中;同时,你还要学会隐藏自己,要学会审时度势,千万不要锋芒太露。该闭嘴时一定要闭嘴,该装傻时一定要装傻,这就是谷鬼子推崇的"隐匿之道"。贾诩的一生,不是在自保,就是在自保的路上，他将"隐匿之道"运用得炉火纯青，让自己以 77 岁的高龄善终。

5. 程昱：暮年壮心

作为曹魏"五谋臣"之一，程昱算是曹操的死忠粉，他曾在曹操籍籍无名之时，生死相随；也曾在其大厦将倾之际，力挽狂澜。有人说，程昱把自己的人生当作了"棋局"，而他自己便是执掌棋局的一代"国手"。适时入局，善处危局，永不出局，便是他奉行一生的"弈棋之道"。

程昱在成名之前，一直都待在老家东阿，这一待就是 43 年。眼看着快到了"知天命"的年纪，换作常人，那些年轻时的雄心壮志，恐怕早已被无情的岁月消磨殆尽。然而程昱却没有放弃对未来的希望，他相信自己终将大器晚成。

时值公元 184 年，黄巾起义爆发，黄巾军到处杀人越货，很快就波及东阿。当时的东阿县丞王度听说起义军要来了，立刻打开大门，出城投奔黄巾军去了。面对来势汹汹的黄巾军，东阿县令和城中百姓都十分恐惧，一起逃到了城外的渠丘山。

全城都乱作一锅粥，唯独程昱不仅镇定自若，还派人去一探黄巾军的虚实。看到纷纷逃向城外的吏民，程昱连忙跑到城门口，大声喊道："大家不要慌乱，贼人不过欲掳掠财物，非有攻守之志。"

我们东阿城高厚，多谷米，如果大家能共同坚守，一定可以击退贼兵。然而，全城吏民都只顾着逃跑，根本没人把他的话放在心里。为了给这些人压迫感，让他们老老实实地守卫家乡，程昱让人假扮黄巾军出没于城外。这让众人十分惊恐，又纷纷从城外逃回到城内。无奈之下，只好相约奋力守城，在击退黄巾军的多次攻击后，东阿由此保全。

经此一役，程昱可谓声名鹊起，很快便有一些大哥向他抛来橄榄枝。兖州刺史刘岱就曾征辟程昱为官，但富有远见的程昱并没有应命出任，在他看来，跟着刘岱混是没有什么前途的。后来，刘岱被黄巾军所杀，曹操带兵入驻兖州。

曹操如同当年的刘岱一样，也给程昱下了一道征辟书，此时的程昱一改往日冷淡之态，二话没说去曹操那报到了。他的反常态度，让朋友们很不理解，纷纷问道："何前后之相背也！"对于朋友们的询问，程昱笑而不答，可是他心里知道，曹操就是自己等待的明主。

程昱来到曹操身边不久，就遇到一次巨大的考验。当时曹操正在带兵讨伐徐州，令程昱与荀彧留守大后方，镇守兖州。整个兖州守备空虚，在这个节骨眼上，吕布与张邈、陈宫二人准备里应外合夺取兖州。一时间兖州各郡县纷纷反叛，只剩下鄄城、范县、东阿三城在曹操的手里。

眼看着就要城破人亡了，危急时刻，荀彧淡定地拍了拍程昱的肩膀说："今兖州反，唯有此三城。敌人以重兵临之，三城必动。君，民之望也，归而说之可也！"

程昱接受任务后，马不停蹄赶往范县、东阿，向守城的将士陈说其中的利害，甚至喊出了"曹使君智略不世出，殆天所授"的口号，及时稳定了军心。最终，在程昱的积极斡旋下，曹军成功击退了吕布。

等到曹操赶回来的时候，赶忙拉着程昱的手说道："微子之力，吾无所归矣。"面对骁勇的吕布，程昱毫无惧色，而他的胆识可远不止如此。

官渡之战时，曹操把所有主力几乎都派往了官渡前线，这也导致了其他城池变得异常空虚。当时程昱驻守的鄄城，是距离袁军较近的城池，一不小心就会被对方所灭，而城内守军却只有区区 700 人。曹操知道其中凶险后，便准备再派兵 2000 人给程昱。

没想到却被程昱一口回绝了，他说道："袁绍拥十万众，自以所向无前。今见我兵少，必轻易不来攻。若增我兵，则会引敌人来攻，攻之必克，徒损兵马，所以我不需要增兵，这 700 人就足够了。"

果不其然，袁绍听闻程昱兵少，翻不起什么大浪，便没有来攻。曹操听闻后，不由得感叹道："程昱之胆，过于贲育。"

贲、育都是古时著名的勇士，而作为文臣的程昱竟能得此评价，可见其的确胆识过人。

曹操帐下的诸位谋臣，大都跟在他身边出谋划策，唯有程昱常年独自领兵在外。比起谋臣之名，他反而更像是独当一面的将领，所以时人都称之为"智将"。既是运筹帷幄的谋士，也是临阵杀敌的勇将，可谓"文武双全"。

然而就是这样一个人物，却在官渡之战后逐渐淡出了人们的视野。

当时曹操南下荆州，刘琮望风而降，刘备也被打得丢盔弃甲，只好向东吴求助。曹操帐下一些人认为孙权必杀刘备，而程昱却出来唱了反调："孙权刚刚上位，还没有什么名气。曹公无敌天下，孙权决不能抗衡。刘备有英名，关羽、张飞皆万人敌，孙权一定会借助他们的力量来抗衡我们。"

后来，孙权果然补给军兵与刘备，孙刘共同抵御曹操。按理说，程昱如此深谋远虑，理应继续得到重用，但事实并非如此。

有一天，曹操突然对程昱说："兖州之败，不用君言，吾何以至此？"这看似是一种情真意切的肯定，但也是曹操对程昱的提醒：你功绩已经够大了，可以歇歇了。

曹操的话，程昱又怎会听不懂？

一个谋士也许并不可怕，但一个握有兵权的谋士却不得不让曹操有所防范。如今中原大定，自己也是时候急流勇退了。

于是，在后来的一次宴会上，程昱表达了自己退休的愿望，他说道："知足不辱，吾可以退矣。"

话虽如此，但程昱毕竟还是不甘心，他还想继续在官场、在军中发光发热呢。所以即便是退休了，程昱在家也没闲着，时不时研究研究兵书，摆弄摆弄刀枪。这一来可就出事了，程昱的人缘一向不好，史书说他"刚愎暴戾，与人多迕"，得罪了不少同僚。这次可算被人抓到了机会。所以很快便有人到曹操面前告发程昱，说他蓄意谋反。

对于这种捕风捉影的话，曹操自然是不信的，但他同样知道，程昱这种性格是不适合混官场的。两年之后，曹操晋位魏王，论功行赏时，程昱被封卫尉，虽未为三公，但已是六卿。可这程昱不争气啊，年龄都到了古稀之年，可刚愎暴戾的性格却丝毫未改。

因与中尉邢贞争高下，结果遭到罢免，一夜回到解放前，又成了退休人员，这样孤苦的日子一过就是7年。直到曹丕即位后，才得以东山再起，不仅官复原职，还增加了三百户封邑。此时的程昱老当益壮，他的目标是做"三公"！

可惜天不遂人愿，正当曹丕进一步想要封他为三公时，他却在此时去世了。不过，在魏明帝一朝，程昱得以配享曹操庙庭，这也算是对他没有位列三公最好的补偿。

程昱从来都不是一个"超然物外"的局外人，而是无时无刻不在思索着"入局"的执棋者。虽然他的人生并不完美，但有遗憾的人生才值得世人回味，难解的残局才值得世人琢磨。程昱的一生，正应了曹操那句诗——"老骥伏枥，志在千里，烈士暮年，壮心不已！"

三、军师联盟

总论：

以上这五位谋士，被网友合称为"曹魏五谋臣"。这五人智谋超凡，贡献颇大，尤其是荀彧。可以说，他对曹操的帮助是无可比拟的，因为他将自己身后的"士族力量"都奉献给了曹操。

他的兄长荀衍是邺城守将，掌握着整个河北的军事力量；侄儿荀攸是曹操的军师，掌管着军国机密大事；他重用了有"贲育之胆"的程昱，举荐了曹操最为看重的军祭酒郭嘉，推举了出将入相的钟繇。

以此观之，曹操帐下的半个智囊团皆出自荀氏门下，颍川荀氏所代表的力量俨然如同一个"军师联盟"，在曹操一统北方的过程中起到了决定性的作用。

在共平天下、匡扶王室的道路上，荀彧所代表的部分士族与曹操有着共同的目标。然而，当中原一统，局势暂时稳定的情况下，曹操则与部分士族出现了政治上的分歧。当赤壁之战彻底摧毁了曹操一统天下的信心时，曹操把大部分精力从外面的开疆拓土转到了内部的权力斗争上来。

荀彧是一个有着自己理想的政治家，而非一味服从的政客。从本质上来说，他与诸葛亮有着同样匡扶汉室的大理想，区别不过是他们寄希望于不同的明主罢了。从这点看来，诸葛亮远比荀彧幸运得多。

后来，曹操因为"汉魏之争"，逼死了荀彧，打压了颍川荀氏，但这还只是他打击士族势力的一个开始。

建安二十一年，"朝士瞻望，太祖敬惮"的东曹掾、清河崔氏的代表崔琰被曹操赐死于狱中。这是曹操对士族发动的又一次打击行动。

崔琰本是袁绍手下的幕僚，在曹操平定河北后，归附到曹操帐下。当时的曹操为了争取崔氏士族的支持，还亲自为爱子曹植迎娶了崔琰的侄女为妻。这时的曹操心里有着自己的小算盘，他此时有立曹植为后的意图，所以他在竭力为这个爱子拉拢势力。清河崔氏作为士族中坚，而崔琰又是谋臣贤才，他有必要为曹植今后的发展铺平道路。

曹丕、曹植兄弟的"立嗣之争"，早在曹操偏爱曹植的那一刻便悄然开始了。当曹操中意曹植时，他便会尽力去打压曹丕的势力。与曹丕私交颇好的颍川陈氏的陈群、河内司马氏的司马懿都没有得到曹操的重用，而杨修则深受曹操信赖。清河崔氏与弘农杨氏这两大士族就是曹操为曹植培养的拥戴势力。

可惜天不遂人愿，当各方势力纷纷站队嫡长子曹丕的时候，以"救命之计"著称的贾诩用一句"吾思袁本初、刘景升"的隐喻点醒了曹操，使得曹操认识到"立曹植"这件事的难以实行。于是曹操便转而开始进行削减曹植羽翼的工作。

首当其冲者，便是以崔琰为代表的清河崔氏、以杨修为代表的弘农杨氏。而且曹操有足够的理由动手，因为这二人一个是袁氏旧臣，一个是袁氏外甥；一个德行高尚，一个聪明绝顶，为绝后患，必须除去。

随着荀彧、崔琰的冤死，荀攸、郭嘉的过世，以士族为后盾的"军师联盟"彻底瓦解了。

"狡兔死，走狗烹，飞鸟尽，良弓藏。"

借助士族打出江山，又为了江山打压士族的曹操，在诛杀了一系列士族代表后，终于可以安安心心地把江山交给其子曹丕了。但令他没想到的是，"士族阶层"并没有因他的打压而一蹶不振，而是顽强成长为曹魏政权的两大支柱之一。

四、建安风骨

南朝梁诗评家钟嵘曾在《诗品·总论》中这样写道:"曹公父子,笃好斯文。平原兄弟,郁为文栋,刘桢、王粲为其羽翼。彬彬之盛,大备于时。"

曹魏政权虽然只维持了短短四十余年,便以司马氏的夺权而宣告灭亡。然而有些东西却是别人夺不走的,也是历史磨灭不掉的。"往事越千年,魏武挥鞭,东临碣石有遗篇。"由曹操开创的曹魏政权灭亡了,但同样由他开创的"建安风骨"却流传至今、历久弥新。

在政治军事上,曹操是一个叱咤风云的真英雄;在文学诗词上,他拥有着挥洒自如的大手笔。由于三国时期连年的动乱不安,造成了百姓的流离失所。天下急需一统,百姓也急需一个救苦救难的明君圣主。

就在这种情况下,曹操以一个"救世主"的形象出现在了中原大地上。怀揣着一统天下的理想,目睹着哀鸿遍野的惨况,他的诗中自然而然地生出了一种"悲凉雄壮"的格调来。无论是"对酒当歌,人生几何"所表达出的光阴易逝、壮志难酬的悲凉,还是"周公吐哺,天下归心"所蕴含的远大理想,都通过风云之气,传达出一种本色的悲凉情绪。

悲哉,秋之为气也。

由曹操开创的建安文学,便由这"悲凉雄壮之气"拉开了帷幕。

曹操一生南征北战,从未有一刻停歇。但难得的是,虽在军旅之中,他仍能够手不释卷。正所谓登高必赋,皆成乐章。在论及他的诗歌特点之时,古今众人达成了高度一致——悲壮。若从整个建安文学的特色来看,"悲"大概是其整体特色,而"壮"则是曹操的个人特色。

作为一个雄才大略的君王,"壮"是无须解释的,这是个人魅力与性格所造成的因素。而这个"悲"则归属于社会外在因素。在汉末那个"白骨露于野,千里无鸡鸣"的乱世中,整个世界似乎都是黑暗的,雄霸一方的诸侯尚且朝不保夕,更何况那些命如草芥的百姓呢。正是基于这种社会因素,使得曹操的诗中包含着许多同情百姓、感怀动乱的情感,这也是其诗中含悲特色的第一个原因。

曹操对于战乱中的百姓有着高度的同情,也有着拯救万民于水火的雄心。因此他南征北战三十余年,力图重建一个盛世。然而天不遂人愿，年近六旬的他辛辛苦苦打拼一辈子也只是打出个三分天下，对于一个渐渐老朽的人来说，这是很大的打击。

岁月已逝，而壮志难酬。曹操不由得心生出一种别样的悲凉——对自己的悲凉。这是其诗中含悲的第二个原因。

曹操虽然壮志难酬而终，但其留存的建安风骨却依旧活跃在历史的舞台上。

"文章，经国之大业，不朽之盛事。"魏文帝曹丕在《典论》中如是说道。作为一个极度热爱文学的帝王，曹丕把文学带进了一个仅次于"立德"的自觉时代。从《燕歌行》等代表作中，我们可以看出曹丕在一定程度上继承了其父的悲凉之气。这与他曾多次随父征战有着极大的关系。

他的诗大致有两种风格，其一便是继承其父的悲凉之气，其二则是身为帝王的御制之诗。相比于曹操，他虽然也经历过战场的九死一生，但毕竟在他即位之后，中原已经渐趋稳定，曹丕渐渐成了一个"太平天子"，诗中的悲凉之气也渐渐消磨殆尽了。

与曹丕诗风截然相反的是被誉为"骨气奇高，情兼雅怨"的才高八斗的陈思王曹植。曹植是我国历史上诗名最盛、诗才最高的诗人之一。正所谓："天下才共一石，曹子建独得八斗。"即使过了千年，后人仍要将他视为诗坛上的传奇。

据说他在十几岁时，便读书万卷、下笔成章。有一次，曹操看了他的文章后，开玩笑道："你文章写得这样好，该不是找人代写的吧？"

曹植听后，昂然说道："言出为论，下笔成章，如果不信，您可以当面考察！"

当时正巧邺城的铜雀台刚刚建成，曹操便带儿子们登台游玩。一时兴起，便让他们各自做一篇文章来歌颂此事。当时的贵族公子，大多喜爱"飞鹰走狗，纵游无度"，有真才实学的并不多。

当兄弟们还在抓耳挠腮、冥思苦想时，曹植大笔一挥，写下了流传后世的《铜雀台赋》。有如此才华，已属难得，但更难得的是，曹植虽生在王侯家，却始终有一颗赤子心。史书称其："性简易，不尚威仪，不尚华丽。"

不仅性情纯粹、生活节俭，还平易近人、不摆架子，这让见惯了阴谋诡计的曹操十分欣慰，他是越来越喜欢这个儿子了。建安十六年，曹植被封为平原侯；建安十九年，又改封临淄侯；建安二十二年，更是增加封邑至万户。

一时之间，备受荣宠。

除了各种封赏外，曹操还决定对他进行重点培养。每每有一些表现的机会，他都会安排给曹植。比如，建安十九年，孙权攻占皖城。曹操震怒之下，决定率军亲征。在离开邺城之前，他宣布：嫡长子曹丕随自己东征孙权，而曹植负责留守邺城。

邺城是曹魏的政治中心，将这样既重要又敏感的任务交给曹植，似乎已经在向世人表明自己有意培养曹植作为继承人。

临行前，曹操语重心长地对曹植说："我当年担任顿丘令的时候，与你现在一般年纪，现在回想起来那时候做的事，没有一件觉得后悔，希望你也能像我一样，无论什么事，都做到无怨无悔。"

可以说，曹操对曹植给予了厚望，他希望曹植能像自己年轻时一样，做一个为国为民、无怨无悔的真豪杰！

只可惜，他这番"厚望"终究是错付了。"放荡不羁，任性而行，不自雕励，饮酒不节"，这就是史书对曹植的评价。这样的人，可以成为一个好诗人，但却难成为一个好皇帝。

建安二十二年，曹植在一次醉酒后，擅自打开了只有皇帝才能出入的司马门，奔驰于只有皇帝才能走的驰道。这种"罔顾礼法"的出格行为，让曹操失望不已。他一怒之下将管理司马门的公车令处以死刑，还狠狠训诫了曹植一番。

事后，更是痛心疾首地说道："开始的时候，我认为子建是儿子中最能够担当大事的人，如今看来，倒真是看走了眼，从此我再也不会相信他了。"曹植也因这场"醉驾"，让自己在父亲心中的形象一落千丈。

文人相欢，饮酒赋诗，这原是曹植平时最大的消遣。可问题是，曹植不单是一个风花雪月的公子哥儿，更是曹魏储君的候选人。诚然，文艺需要潇洒张扬的个性来点缀，但政治需要的却是隐忍与克制。

曹操死后,曹植彻底掉进了冰冷的深渊,在自己的封地上过起了监牢般的生活。曹丕刚即位,便把曹植遣送到封地,接着又派出"监国使者"监视他的一举一动。"名为王侯,实为囚徒",这就是曹植的生活境遇!

黄初四年,曹植终于可以离开封地,前往都城洛阳朝拜皇帝。本以为这次可以摆脱牢笼,享受短暂的自由,却不想即便是在路上,也要时刻受到监视。到了京都后,曹植与分别多年的兄弟曹彪再次见面了。

由于爱好相同,两人素来交好,平时也多有诗词唱和。这次见面更相谈甚欢,怎奈曹丕对诸侯的监管实在太严,就连兄弟们私下走动,都受到了限制。在监国使者的催促下,曹植与曹彪只好被迫分离。回到封地后,曹植哀伤愤懑,心意难平,愤然写下了那首《答东阿王诗》——"盘径难怀抱,停驾与君诀。即车登北路,永叹寻先辙。"

与曹丕诗风的"先悲后乐"不同,曹植的诗风呈现出一种"先乐后悲"的特点。在曹操生前,他是一个无忧无虑的贵公子,平日里诗酒恣肆,风流快活;而当曹丕即位后,出于对他的猜忌,使得曹植如陷囹圄、举步维艰,甚至于几次三番欲置他于死地。名动千古的《七步诗》也是在这种情况下问世的。

曹植后期诗中的悲凉是一种对于亲情无法获得、抱负无法实现的无可奈何之悲。比于父兄，虽悲之原因不同，但从根本上来说，他延续了建安风骨的风格特色。

除了曹氏父子之外，尚有一大批文人在为建安风骨添砖加瓦。流落荆州、登楼远望的王粲，气过其文、因平视获罪的刘桢，"思君如流水，何有穷已时"的徐干，都是建安文学中的重要人物。

建安七子就如众星一般，拱卫着如同"北辰"的曹氏父子。他们大都经历过汉末的动乱流离，也跟随过大军平定北方，在他们的诗中有着与曹氏父子一样的、同情人民疾苦的悲凉色彩，这种色彩才是建安文学中真正的风骨所在。

霸国无永岁，文字有长年。

悲凉之气背后所隐含着的恻隐之心，熔铸了建安文学的风骨，留下了千古不灭的诗篇。

五、宗室维城

《诗经·鲁颂·泮水》有言："允文允武,昭假烈祖。"一个政权要想获得长期稳定,就离不开"文武并用"的法则。文臣治国、武将守国,一张一弛的文武之道,无论放在哪朝哪代,都是国家强盛的必要条件。

简单来看,曹魏政权的组织结构也是由"文武"构成的。前面我们提到曹魏政权的"一条腿"——以谋臣文官为代表的士族力量。这里将给大家介绍一下曹魏政权的另一条腿——以宗亲武将为代表的宗室力量。

建安二十五年,曹操之子曹丕亲手结果了四百余年的刘汉王朝,建立了曹魏政权。有感于东汉中后期外戚专权、宦官跋扈的历史教训,魏文帝曹丕在登基后的几年中实行了许多针对性的巩固皇权的措施。

在即位之初,曹丕便颁布了诏令:宦官为官者不得过署令，后族不得干政。他不允许宦官和外戚参与到中枢机构的运转中来，取而代之的是设立了"散骑常侍"这一显职，使之与侍中一同掌管机密之事，作为皇帝与中枢机构"尚书台"的沟通桥梁。而八座尚书、侍中、散骑常侍等直接掌管着国家中枢的官员，大多是士族子弟。

士族"这条大腿"，依旧有着巨大的力量，是曹魏政权不得不依赖的一大支柱。

士族虽然掌控着国家的政权，但却轻易不敢放肆，因为他们会受到"另一条大腿"的制约，那便是曹氏宗亲所掌控的军权。

所谓"枪杆子里面出政权"，曹魏在地方上实行的是"军政分离"制度。每一州的刺史掌管着处理地方事务的权力，但军权则在驻扎该地的将军手里。由于政权是建立在乱世中的，从一开始曹魏便与战国时期的秦国一样"崇尚军功"。许多立了功的士兵都得到了封侯，而这种封侯只是一种"有名无实"的虚封，真正可以得到封邑的爵位依旧只是将领们才能享受的待遇。

由于当年立太子而引发的"兄弟之争"在曹丕心中留下了很大阴影，使其继位之后仍耿耿于怀。所以他在对诸侯王的态度上，显得十分苛刻与绝情。那些诸侯王都是与他同父异母、甚至是同父同母的亲兄弟，但曹丕对待他们如同对待犯人一样。彭城王曹彰的无疾而终，陈思王曹植的如陷囹圄，都说明了曹丕对诸侯王兄弟的极大猜疑。

从"打虎亲兄弟"到"流水的兄弟",曹丕虽然亲手扼杀了"诸侯王为屏藩"的制度,但他却并非有心遏制宗室力量,曹魏政权依旧贯彻了"宗室维城"这一原则。只不过摒弃了亲兄弟,重用了宗族内的其他近亲而已。

虽然亲兄弟们毫无实权,但曹魏的军权却始终掌握在自家人手中。

曹操在位时期,由于天下战乱不断,格局也没有明确形成,使得他不得不于边境各地驻扎大军,以防战事突起。曹魏的威胁主要来自西、东、南三方,此时的北方早已没了匈奴之患,而乌丸与鲜卑等部落又未成大器,自然构不成巨大威胁。相比之下,刘备在益州,关羽在荆州,孙权在扬州,则随时威胁着曹魏西、东、南三方面的安全。因此曹操做出了相应的布局,来应对这三方面威胁。

驻扎于西部关中一带的诸军大致上有两部:一个是安抚关中诸将的钟繇,另一个则是"征西将军""督关中"的夏侯渊。钟繇的任务主要是以安抚为主,手中并没有太多兵力。而夏侯渊作为西线的驻守大将,麾下统领着张郃、徐晃等名将,曾多次对西线敌人展开"闪电战"打击。

不过夏侯渊此人勇则勇矣,却缺乏"将略计谋",曹操就曾说他"任勇少计"。建安十九年,夏侯渊在未向曹操报告的情况下,突然发动对马超、韩遂残余势力的打击,一举克定了陇右和关中一带，被曹操赞为"虎步关右"。

建安二十三年，夏侯渊又督张郃、徐晃平定巴郡，进军汉中，将西线战果扩大至蜀中地区，与刘备对峙于阳平关一带。

与此同时，驻守在东南方的诸军也有两部：一个是扼守襄阳的"征南将军"曹仁，另一个则是驻守合肥的张辽。这两部分别承担着抵御荆州关羽和遏制扬州孙权的职责，而从兵力分配上可以看出，张辽、乐进于合肥仅有区区七千守军，而曹仁则有数万之众，且张辽要受到护军薛悌的制约，显然他在东南方只是作为一个分支存在的。

自赤壁战后、曹操铩羽而归，曹仁便驻守"襄阳－樊城"一带，曹仁智勇双全，是曹操比较看重的将才，也是三国时期著名的守城大将，无论是周瑜还是关羽，都未从他手上讨到太多便宜。

西方兵权在夏侯渊手中，南方兵权在曹仁手中，可东方兵权却未在张辽手上，因为张辽所驻守的合肥只是抗击孙权的一个据点罢了，最关键的是张辽虽勇，却非大将之才，更不是曹氏宗亲，怎么可能独掌大权呢？

其实在建安末年，东方的军事大权一直都在夏侯惇的手里，曹操曾命夏侯惇屯兵于"居巢－寿春"一带，有着统领二十六军的大权。

曹操对于军权、将领的合理配置可以说是相当具有水平。西方需要开拓，所以交给了善于攻击的夏侯渊；南方需要稳固，所以交给了善于固守的曹仁，而东方有张辽扼守在最前线，孙权更是寸步难行，所以此处军权交给了尊师重道、清廉节俭的夏侯惇（只需你镇住场子，无须你上阵杀敌）。

而在张辽所在的合肥，曹操也是花了不少心思进行安排的，比如最初镇守的有三人，分别是张辽、李典、乐进，当孙权引兵来犯时，曹操则命善战敢战的张辽与高风亮节的李典出战迎敌，而让厚重稳妥的乐进坐镇城中。

别看曹操这个人本身很喜欢冒险，但他却不喜欢那些喜欢冒险、做事轻脱的将领，他喜欢"稳重之将"，比如于禁，徐晃，曹仁这样的，尤其是于禁，作为"五子良将"中唯一一个"假节钺"的将军，如果不是晚节不保，那于禁在曹魏集团的地位将不是张辽等人所能比的。曹操曾批评过张辽"非大将之法也"，也骂过曹洪"贪财好色"、夏侯渊"有勇无谋"，却偏偏盛赞于禁"在乱能整，讨暴坚垒，有不可动之节，虽古之名将，何以加焉？"这算得上是曹操对帐下武将的最高评价了。

曹仁、夏侯惇、夏侯渊三人将曹操时期的军权牢牢握在了手中，而他们又都是曹操的族兄弟。在曹操的同辈兄弟中，还有一人也不容忽视，那便是——曹洪。曹洪这个人缺点很多，比如贪财好色，比如好酒无度，酒色财气算是被他占全了。可曹洪这个人很可靠，可靠到什么程度呢？

可靠到他可以在危难之中把马让给曹操，而自己视死如归；可靠到在官渡之战时，曹操引兵偷袭乌巢、让他坐镇大本营。但曹洪虽可靠，却素无德行、威望与才略，所以不具有独当一面的能力。

正是因为军权牢牢掌握在曹氏宗亲手中，所以无论拥汉势力与士族势力多么强大，也只能眼巴巴地看着曹操叱咤风云。

曹氏宗亲掌军权自从曹操开始，便已经成了一个铁打的规定。在曹丕时期和曹叡前期，第一批的宗亲名将大都死去，而第二批宗亲名将却登上了历史舞台。

曹丕即位初，曾先后册封夏侯惇、曹仁为大将军，后者还亲自担任了魏吴"中州之战"的总司令。但老一辈的人终究会老去，随着夏侯惇、曹仁等叔辈名将的离去，曹丕又启用了新一代的同辈宗亲名将——曹真、曹休与夏侯尚。

"江山代有才人出，各领风骚数百年。"令曹丕欣慰的是，这几位同辈将军在统军才能上毫不输于叔辈们。身为"曹家千里驹"的曹休总督扬州诸军事，接替夏侯惇的作用，曾多次击败孙权的进犯；曹真则总督雍凉诸军事，在西方竭尽全力抵御着诸葛亮的兵锋；夏侯尚则接替曹仁、坐镇荆州，督南方诸军事。

正是三人优秀的统军才能，使得曹丕时期与曹叡前期的军权不致旁落。然而世间之事，总是盛极而衰。没有一个家族会代代皆有人才出现，而当这个家族出现蠢材的时候，则意味着一个家族的没落。

五、宗室维城

曹丕可以将曹叡托孤于优秀的曹真与曹休，而曹叡则没有他爹那样好的运气。在曹叡后期，随着曹真、曹休的离世，曹家宗室之中再也选不出一个堪当军事统帅的人才来。浮华不实的夏侯玄、作威作福的曹爽，充其量也只是两个躺在老子功劳簿上的无能之辈。

诸葛入侵、公孙造反，宗室之中，再无一人可用。于是，曹叡只能起用身为士族的司马懿来抵御外敌。从此，军权对曹魏政权而言，不再是"铁打"的了。

虽然曹叡于临死之际仍旧不甘心外放军权，因此他只能"矮子里面拔大个"，在宗室中选了曹爽来担任大将军，执掌军权。"忍死以待"的魏明帝曹叡为嗣君曹芳选定了曹爽与司马懿为辅政大臣，不仅是为了一文一武、安邦定国，更是为了平衡士族与宗室这两条支撑着曹魏政权的大腿。

公元239年，魏明帝曹叡在"后继无人"的悲痛中离世了。

公元249年，在魏明帝曹叡去世十年后，一场权力重新洗牌的政变——"高平陵之变"爆发了。

这场政变，断送了曹爽一族数千人性命，也断送了曹魏三代君王孜孜以求的国家前程。

六、鹰视狼顾

说到司马懿父子，便要由一个梦说起。做梦的人是向来以"梦中杀人"著称的曹操，梦的内容则是三马同槽。

这个梦在我们后世看来，那是再简单不过了，其预示着司马懿父子三人将逐步蚕食曹魏的江山社稷。而对于当时的曹操来说，出于多种因素的考量，他并没有因为一个梦而诛杀这个属于士族阵营的司马懿，取而代之的是"多加防范"。

但令曹操没想到的是，司马懿的"忍术"与"伪装"竟然已达化境，他不仅瞒过了自己，更忽悠了曹魏四代君主。

1. 伪装者之路

从楚汉争霸时期的殷王司马卬，到司马懿的父亲京兆尹司马防，司马家十余代人一直定居在河内温县。经历了两汉的风风雨雨，司马家依旧能在仕途上屹立不倒，说起来也算得上是官宦世家、名门望族。

司马懿是司马防的第二个儿子，《晋书》称他"少有奇节，伏膺儒教，有忧天下之心"。后世读者每读到此处，未尝不破口大骂、怒发冲冠。想不到向来以"鹰视狼顾"著称的司马懿居然少时也是个"心怀天下"的好少年。

其实，司马懿与曹操一样，并非生来便是奸雄，只不过后来没有坚守住本心，而慢慢变质了而已。他本怀着诸葛亮的心，却一步步走上了曹操的路。

年少名微的司马懿也许一开始就抱着"乱世观变"的态度，所以他没有像大哥司马朗那样，早早显名入仕，而是选择了默默无闻。然而是金子就会发光，哪怕你不愿意，也由不得你。在清河崔琰与同乡杨俊的称赞下，司马懿很快便声名鹊起了。

建安六年，时任司空的曹操在听闻司马懿的名声后，立刻下令征辟他出来做官。而"不愿屈节曹氏"的司马懿则使用装病的手段成功瞒过了明察暗访的使者。

然而事情并没有完。建安十三年，做了丞相的曹操再次征辟司马懿，并撂下狠话道："他不来，就把他抓起来。"迫于威胁的司马懿这下只能乖乖地出来做官了。

对于外宽内忌、生性多疑的曹操，司马懿采取了伪装第一招——装低调。不显山不露水，自然也就不会遭到别人的猜忌和迫害，这就是他的自保之术。但是你如果认为"低调"就是不作为，那就大错特错了。

司马懿在曹操手下任职，虽然表现得极度谨慎低调，但他却在暗中搞了不少小动作。他不仅极力向世子曹丕靠拢，还时不时在曹操身上"点几把火"。

比如曹操夺取汉中之后，他劝曹操一鼓作气拿下益州、歼灭刘备；再比如关羽水淹七军、直逼许昌，他劝曹操不要迁都；在孙权上表劝曹操称帝被拒绝后，他依然劝曹操称帝。

以上三件事都含着共同的特点：激进和冒险。一向不愿意屈节曹氏的司马懿怎么就劝曹操称帝了呢？深究其原因，我想司马懿是故意而为之。他给曹操出的三个主意，一个比一个激进，一旦搞不好就会动摇曹魏的统治基础，所以曹操非常慎重地处理了这些事。

曹操看得出来，司马懿自然也看得出来，他就是在故意为之，以一种曲折迂回的方式来冲击曹魏政权。

曹操死后，曹丕继位，司马懿得到了前所未有的重用。

对于志大才疏的曹丕，司马懿采取了伪装第二招——表忠心。有能力有忠心，这是千古明君梦寐以求的治世良臣，彰显能力的同时表现出忠贞品格，自然会遭到君王的赏识，这就是他的上位之术。

面对司马懿这样的"大忠臣"，曹丕怎能不心花怒放。他不但任命其为尚书、御史中丞，把他直接拉进了曹魏的中枢机构，还把坐镇许昌的军政大权交给了他。从此司马懿从低调者一跃而成了上位者。

黄初七年，魏文帝曹丕病逝。他临终前做出了一个足以颠覆曹魏江山的决定，那便是让司马懿作为辅政大臣，并镇守宛城、掌管着荆扬的军事大权。

对于经验不足的曹叡，司马懿采取了伪装第三招——立威望。新即位的天子需要立威，而他司马懿更需要威望，尤其是军威。这就是他为什么多次主动出击、击败吴军并主张伐吴的动机。这是他的立威之术。

南败吴军，西拒诸葛。司马懿终于靠着连年征战，树立起了自己的军威，同时在军中收揽了一部分亲信。

就在他刚平定辽东的公孙渊后，洛阳方向传来了魏明帝曹叡的病危噩耗。也许这对于司马懿来说并不是噩耗，而是一个机会。御榻之前，司马懿紧紧握着曹叡的手，泣不成声。忍死相待的曹叡看着涕泗横流的"忠臣"司马懿，放心地将幼子托付给了他，然后永远闭上了双眼。

曹叡的盛年而崩，是曹魏政权的一个转折点。按照当时的大臣辛毗的话说——曹叡是个"中庸之主"（未称聪明，不为暗劣）。

谈不上多牛，可也不昏庸，所以在曹叡在位时，司马懿是不敢轻举妄动的。而且这曹叡还有一些小爱好，比如他善用间谍，曾派一个叫作"隐藩"的人到江东去卧底，而且还做到了"廷尉监"的位置,任务就是"重案大臣,以离间之",江东的吕据、郝普就都被他忽悠了。

除此之外,他还是个"土木工程师",曾亲自担土盖房子,也算是身体力行了。可即便如此锻炼身体,也就无法改变自己的寿禄。在曹叡病重时,突然想到了已故大臣高堂隆的一番话,高堂隆当时是这样说的:"宜防鹰扬之臣起于萧墙之内,可选诸王以典重兵。"

想起高堂隆的话,曹叡皱起了眉头,他要好好安排一下身后之事!燕王曹宇自幼与自己交好,是个可以托付的人,夏侯献、曹爽、曹肇、秦朗也都不错,值得信任。

但这些人虽有忠心,却无才能啊,靠他们又怎能抵御住吴蜀入侵?

于是在亲信刘放、孙资的提议下,托孤名单中又添了司马懿,然后踢掉了其他人,只保留一个曹爽。

但曹叡不放心,所以又下诏让司马懿不要来,可后来想了想,又让他来了。

魏明帝,真的很纠结啊!他的运气可比刘备差多了。

在反复纠结中死去的魏明帝,终究还是下错了这步棋。从此,大权旁落,宗庙不安。与司马懿同为辅政大臣的曹爽虽然把持着国家的军政大权,然而其威望与能力与司马懿相比自是不可同日而语。

对于狂妄无知的曹爽,司马懿采取了伪装第四招——装疯卖傻。欲使其灭亡，必先使其疯狂。司马懿的一味忍让，使得曹爽逐渐自我膨胀。当他把满朝文武、太后幼主得罪个遍的时候，也就是他灭亡的时候了。这就是司马懿的反击之术。

嘉平元年，忍了一辈子的司马懿，终于拔出了他那尘封已久却锐利如新的剑锋。这第一剑毫不犹豫地刺向了曹爽。

2. 高平陵之变

公元249年正月的一天，一支浩浩荡荡的队伍，正朝着魏明帝曹叡的陵寝高平陵进发。在这支队伍中，不仅有手握重兵的大将军曹爽，更有曹魏的小皇帝曹芳。

这一天，是曹芳等人前去高平陵祭祀先帝的日子，也是曹魏政权大变天的日子。就在曹芳一行人刚离开洛阳后不久，一向平静宁和的洛阳城却忽然出现了变故，不知从哪里冒出来三千死士，他们先是包围了皇宫，紧接着又占领了武库，最后更以迅雷之势控制住了整个洛阳城！

直到此时，人们才明白原来这是一场蓄谋已久的政变，而这次政变的发起者便是那已经退居二线养病的司马懿。

昔为手中刀，今为执刀人。

"高平陵之变"是司马懿苦心经营四十年的一场豪赌，也是他利剑出鞘后的第一场决斗。这场决斗的胜利，标志着士族的崛起，也为司马氏日后的成功打下了基础。

从此，天翻地覆，江山易主。

在曹叡后期，曹家宗室之中再也选不出一个堪当军事统帅的人才来。于是，曹叡只能起用身为士族的司马懿来抵御外敌。从此，曹魏的军权开始缓缓移向士族。曹叡虽然迫不得已启用了司马懿，但他在临死之际仍旧不甘心外放军权。因此只能"矮子里面拔大个"，在宗室中选了曹爽来执掌军权，以此制约司马懿的权力。

可惜的是，曹爽完全不是司马懿的对手。在与司马懿的博弈中，曹爽不仅自己送了人头，还把国家军权拱手让了出去。其实曹爽这个人倒也不是完完全全的"酒囊饭袋"，史书称其"少谨重，明帝爱之"。在魏明帝看来，曹爽虽然能力不行，但好歹也是个谨慎厚重之人，不至于让曹家江山旁落。

可惜，魏明帝错得离谱！

平心而论，魏明帝曹叡的识人之明要比他老爹曹丕还差。他看中的两位托孤大臣，一个大奸似忠（司马懿是也），一个外谨重、内轻浮（曹爽是也）。合着这两位都是"演员"啊，如果曹叡在天有灵，恐怕会被气吐血。幸好，魏明帝至死都不知道两人的真面目，还一心希望两人能够精诚合作、亲密无间呢。

其实在刚开始时，两人之间的关系也确实如此。史书记载："初，爽以宣王年德并高，恒父事之，不敢专行。"这时的曹爽非常懂规矩,认为司马懿德高望重,像对待父亲一样对待他。司马懿对曹爽也很友好,"宣王以爽魏之肺腑,每推先之"。

一个尊老,一个尊亲,这样看来,两人之间倒有种"你侬我侬"的意思,不愧是两个"演员",此时的二人可谓是"互飙演技"。然而,这种和谐的景象并没有持续太久。

士族与宗室的斗争由来已久,这不是短时间内就能够化解的,更何况曹爽与司马懿二人都非省油的灯。只不过,相比于司马懿,曹爽的实力要强许多,所以他决定率先发难。

曹爽为了独揽大权,开始提拔自己的亲信党羽,何晏主抓选举工作,毕轨负责京师警卫,更有邓飏、丁谧、李胜等人辅佐。曹爽任用的这些人真就非同小可,因为他们都算得上是"一代名士",尤其是何晏、邓飏、丁谧更是"魏晋风度"的开创者,只不过在当时他们有个很不雅的称号,叫作"台中三狗"。

因为都在尚书台任职,又因为做事都很"狗"(很浮夸,很霸道,很不地道,很不切合实际),所以得了这么一个江湖名号。控制了尚书台后,曹爽开始处处排挤司马懿,还给司马懿挂了个太傅的虚职。就连其他与司马懿走得比较近的将领与士人也遭到了他的打压。曹爽的一连串重拳,打得司马懿毫无反击之力,为了避其锋芒,司马懿也只能用装病退休的手段来保命了。

此时的曹爽那叫一个意气风发啊，似乎自己才是曹魏真正的王，可美中不足的是自己现在要什么有什么了，可就是没有威名啊！天下人还不知道我曹爽是号人物呢？

不行，我得做点大事。那司马懿不是号称"东破孙权，西拒诸葛"吗？那我曹爽就来个"收复蜀汉"吧，看谁功绩更大！于是曹爽不顾众人反对，发动了"伐蜀之役"，可结果却适得其反——"损失略尽，羌胡怨叹，关右虚耗"。

完了，想立威名，反被打脸。算了，我曹爽不适合对外出击，我擅长的是"对内之权谋"嘛。于是曹爽开始了他的"权谋表演"——专横起来，跋扈起来！

他不仅在生活上处处按皇帝标准来，甚至还把郭太后迁到了永宁宫。曹爽的一系列"僭越"举动，引得满朝上下多有不满，人心就这样渐渐从他指尖溜走。

有一天，曹爽在享乐之余，突然想起了退居二线养病的司马懿。他心血来潮地准备去司马家探病，看看司马懿是真病还是假病。于是派遣即将调任荆州的亲信李胜，前去试探司马懿。

司马懿听说李胜前来探病，立刻就拿出了他那"影帝"般的演技。他先是让丫鬟帮他换衣服，然后又让丫鬟端粥来，自己喝粥时，更是故意让粥洒得衣服上全是。李胜一看，不由得暗自高兴：想不到你司马懿也有病入膏肓、生活不能自理的一天啊。

六、鹰视狼顾

心里这样想，但嘴上还是要故作关心的，只见李胜说道："我即将去荆州任职，顺道来看看您，没想到您居然病得这样重啊。"

司马懿听后，颤巍巍地说道："年纪大了，疾病缠身，怕是性命不久了，你去并州任职后，一定要小心塞外的胡人啊，咳咳。"

说罢，更是喘得上气不接下气。司马懿故意将荆州说成并州，以此表明自己糊涂到了极点。这一迷惑性表演，果然将李胜与曹爽给忽悠了，让曹爽觉得司马懿不过一行将就木的老朽，有何可惧？

正因如此，曹爽才会对司马懿放下戒心，最终酿成大错。自从曹爽认为司马懿重病不起后，便常带着自己的兄弟们出城打猎。他的谋士桓范曾多次进谏："总万机，典禁兵，不宜并出。如果有人趁机关闭城门，你该怎么办？"

曹爽却漫不经心地答道："谁敢这样干！"

曹爽的托大，无疑给司马懿提供了机会。司马懿先是在暗中拉拢了一些士族领袖，接着又让长子司马师暗中培养了三千死士，以备不时之需。有了士族支持，有了军事保障，现在的司马懿只需要等待一个机会——一个曹爽外出的机会。

很快，这个机会便来了。

公元249年正月，按照祖制，皇帝曹芳要到高平陵去祭祀先帝，曹爽及其亲信也都陪同前往。然而，这些人前脚刚一出城，本已病入膏肓的司马懿立即便从床上一跃而起，哪里有丝毫病态？

在忍了多年之后，司马懿终于拔出了他那尘封已久的剑，而这第一剑毫不犹豫地刺向了曹爽。三千死士，一朝而起，满朝重臣，紧随其后。司马师攻占司马门，司马昭看守皇宫，司马懿则亲自领军出屯洛水，切断曹爽归路。在掌控了整个洛阳城后，司马懿立即上奏郭太后，请求废除曹爽兄弟。郭太后见大局已定，只能同意司马懿的请求。

之后，司马懿又让人写信给曹爽，称自己只是想将他免官，没有别的意思，只要曹爽交出手中的权力，还是可以继续享受荣华富贵的。

一向跋扈的曹爽，于此危急存亡之秋"窘迫不知所为"，慌到了极点。幸好此时有着"智囊"之称的桓范在他身边，桓范当时给曹爽出了一条十分靠谱的计策：既然洛阳城被司马懿占了，那我们就不进去了，反正天子这张"王牌"在我们手里，我们干脆去故都许昌，以天子之名招四方兵马，讨伐叛臣司马懿。

不得不说，桓范此计十分有气魄，但却需要决断者有极大胆识。很显然，曹爽无胆亦无谋，他居然相信了司马懿"唯免官而已，可做富家翁"的鬼话，放弃了绝地翻盘的机会，选择"归罪请死"，主动投降并交出了手中的权力。

曹爽对身边亲信这样说道："司马懿不过是想夺我的权

力而已,我现在投降不失为富家翁。"

可桓范却不这样认为,他恨铁不成钢地痛骂曹爽:"你爹曹真何等英雄,居然生了你这样的废物,你今天就等着灭族吧!"

这话骂得够狠,别说曹爽是个大将军了,就算是个匹夫也会有些火气了,但我们看,此时的曹爽早已是"行尸走肉"了,竟连"大怒"的心气儿都没有了……

事情的发展果然正如桓范所料,曹爽兄弟一回府就被软禁,最后又被冠以"阴谋反逆"之罪,全家几百口被送上了刑场,牵连致死者达三千多人。从此司马家正式取代曹家,成为曹魏政权的真正主人,而此时,距魏明帝曹叡去世不过十年……

总论:

司马懿就像是一个在笼子中待久了的猛虎,鲜血似乎对他有着格外的吸引力。自从他决定撕去伪装、忍无可忍的那一刻起,他的剑锋就不断吮吸着鲜血。曹爽、曹彪、王凌等人的鲜血铺平了他的权臣之路,也发泄了他心中多年以来的压抑。

从"忍不可忍"到"忍无可忍",司马懿将"忍术"发挥到了极致。但他的"忍"太冰冷,也太残酷,这种"有违天道人性"的剑芒只要出了鞘,便是一发不可收拾。

"高平陵之变"的屠杀不是结束,而只是刚刚开始。

第二部·曹魏篇

六、鹰视狼顾

七、风起淮南

"高平陵之变"后,司马家也和当初的曹氏篡汉一样,摇身一变成了魏国的实际领导者。虽然这场政变成功清洗了曹氏家族的势力,但这并不代表着司马家当权之路是一帆风顺的。曹氏宗亲虽已无力反抗,但镇守各地的封疆大吏却也有各自的心思。"高平陵之变"引发的蝴蝶效应,在之后的近十年时间里,持续发酵,最终在淮南地区彻底爆发。

淮南接连爆发了三场反对司马统治的兵变,史称"淮南三叛"。这三次叛乱,声势浩大,但结果都以失败告终。要说这"淮南三叛"本质为何,又因何而败?就要从这三叛的起因说起。

我们先来看看王凌之叛。

司马懿在政变成功之后,便在第一时间向那些曹魏旧臣示好,封官加爵便是获得他们支持最好的筹码。王凌就是这些旧臣中的主要代表。毕竟曹魏的老员工不是被司马懿整死了，就是被他熬死了。王凌还算是当时在世的且资历比较老的员工。他出身官宦世家，司徒王允是他的叔叔。在曹操还没有发迹前，就做了曹操的主簿，这足见他与曹魏集团的关系非常亲密。魏明帝初年，王凌更是被委以重任，负责镇守扬州。

以功名利益换取政治支持，这在政治交易中屡见不鲜。所以，司马懿在政变成功后的第一时间，就将王凌提干为太尉，将其置于"三公"之位，给予莫大荣耀。不过，王凌对此并不满意。他大有一种熬出头的错觉，认为既然曹魏已经倾覆，自己完全有实力和司马懿掰一掰手腕。自己坐镇扬州，外甥令狐愚又是兖州刺史，掌握一州军事大权。

甥舅两人联起手来，怎么也不会惧怕他司马懿啊。于是两人开始密谋，准备废掉司马懿手中的齐王曹芳，另立楚王曹彪为帝，然后再立都许昌，与司马懿分庭抗礼。

想法虽好，可运气实在太差！没过多久，外甥令狐愚就病死了，而新来的兖州刺史和你王凌非亲非故，怎么可能助你成事呢？但此时的王凌似乎已经老糊涂了，他居然把自己的谋划向新任兖州刺史黄华和盘托出，以期获得对方的帮助。

结果很简单，就是黄华揭发了他的叛乱之谋。司马懿再次发扬了擒拿孟达时的"精气神"——兵贵神速，直抵淮南。

出于人道主义关怀，司马懿再次玩起了拿手好戏——"忽悠"。就如同忽悠曹爽一样,他又派人给王凌带去了一句话——只要你投降,可保全富贵。

王凌一听,也是松了一口气,当时表示愿意投降,还亲自去见了司马懿。这一去,便成了阶下囚,不仅富贵是妄想,就连全族人的性命也都喂了司马懿的屠刀。

王凌做梦也没想到,自己居然成了第二个曹爽!

不过王凌倒也算是一个"奇人",他活着时对司马懿来说毫无威胁,可死后却偏偏能够收拾司马懿。在平定王凌之乱的同年,司马懿就犯了癔症,经常在梦里梦到王凌作祟。也许这就是所谓的"天道轮回,报应不爽"吧。司马懿因为曹操的一个梦而上位,同样因为自己的一个梦而结束了73年的生命。双手沾满鲜血的司马懿,就在一次次的噩梦中,惊恐而终了。

司马懿虽然死了,但是曹魏的军政大权依旧掌握在司马氏手中。他的死不是曹魏厄运的结束,而是曹魏厄运的开始。在其祖孙三代的辛苦经营下,"晋"逐渐崛起并结束了近百年的乱世杀伐。

司马懿死后,将军政大权顺理成章地传给了长子司马师。司马师是个兼具品相与气质的人,他年纪轻轻就名扬海内,是与何晏、夏侯玄齐名的大名士。与其他名士不同的是,司马师不仅有名,而且有实。

他接替父任,辅佐朝政,为政清平,一改朝廷的腐败习气,让百姓得以休养生息。司马师的善政赢得了天下人的一致好评,以至于"四海倾注,朝野肃然"。

司马氏能够夺走曹魏的政权实际上依旧是一种"人心所向"的体现。平心而论,司马师治理下的曹魏无论从各个方面都要强于曹叡、曹爽治下的曹魏。百官和百姓自然会偏向于有能力治理好国家的领导人,所以对于司马氏的专权、夺权,除了一些曹魏的宗亲和铁杆死忠外,几乎没有人站出来反对。

可以看出,司马懿再怎样专权嗜杀,他也没敢对皇帝下手,因为时机还不成熟、人心还没聚拢。而司马师经过一段时间的善政已然收拢了天下人心,那么他就要有所动作了。

嘉平六年(254年)三月,曹爽的表弟夏侯玄伙同中书令李丰以及外戚张缉等人密谋诛杀司马师。同年九月,小皇帝曹芳也坐不住了,想要反击司马师,结果偷鸡不成蚀把米。这也给司马师更进一步的理由,他直接逼宫,胁迫郭太后废黜曹芳,改立高贵乡公曹髦为帝。

废掉齐王曹芳、改立高贵乡公一事既可以看作是司马师立威的一种途径,也可以看作是他测试人心的一个尝试。事实证明,此时的曹魏已然是行将就木,即使擅自废立,也不过只有淮南的毌丘俭敢起来反抗罢了。

毌丘俭和夏侯玄、李丰关系非常好,可以说是文学上的知音、政治上的伙伴。他曾受到魏明帝曹叡的礼遇,此时担

七、风起淮南

任镇东将军，都督扬州诸军事。司马师当权之后，为了控制毌丘俭这样的封疆大吏，就征辟他们的孩子到洛阳做官。毌丘俭的儿子因此到了洛阳做官，这看似为官，其实就是人质。

对于司马家的恶行，毌丘俭是既怕且怒，与其忍辱偷生，不如拼死一击。于是，毌丘俭开始联系有兴曹之意的扬州刺史文钦，两人共同谋划"起义"之事。只可惜毌丘俭的勤王义举很快便被司马师平定了。作为代价，司马师也在平定毌丘俭之后，病逝于军中。

对于皇帝曹髦来说，这无疑是个好机会。于是他下诏令傅嘏带领大军返回，而令司马昭去镇守邺城，想以此夺回兵权。无奈司马昭根本不奉召，他听从钟会的建议，亲自带领大军返回了洛阳，牢牢把兵权攥在了手里。

毌丘俭失败了，当时最大的受益者除了司马氏之外，还有一个人——诸葛诞。在平叛过程中，诸葛诞出力最多。因为表现极好，所以司马昭大大奖赏了诸葛诞一番，但他可能不知道，这诸葛诞才是他最难对付的人。

因为这个人不仅狠，而且能忍。为了掩盖自己的真实目的，他可以毫不留情地灭掉与自己志同道合的毌丘俭；为了对付司马氏，他居然暗中筹划了很长时间，而且这个人还是天下闻名的一代名士。

鉴于淮南是个极易发生叛乱的地方，所以司马昭刚掌权不久，便派出了自己的头号心腹贾充去淮南"慰问"一下诸葛诞。两人一见面，贾充就说："现在洛阳那边的人都支持魏帝让位，你怎么看呢？"

谁料诸葛诞义愤填膺地说道："你我一样，世受魏恩，岂可以社稷输人乎！若洛中有难，吾当死之。"

你们敢乱来，我诸葛诞肯定第一个不同意！你自己看着办吧！

一向低调隐忍的诸葛诞，这次居然如此慷慨激昂？贾充全身冷汗直冒，一声不吭地就回到了洛阳，将诸葛诞的态度汇报给了司马昭。司马昭知道诸葛诞并不支持自己，便想要除掉他，但是他在淮南之地颇受爱戴，很难动摇。

甘露二年（257年），司马昭接受了贾充的建议，下诏升诸葛诞为司空，并入朝任职。由此一来，便可将诸葛诞控制住。诸葛诞也觉察到了危险，于是二话没说就直接起兵了。其实，诸葛诞之所以敢对贾充说出那样的狠话，是因为他已经做好了充足的准备。

王凌因"准备不足"而投降，毌丘俭因"主动出击"而失败，这次诸葛诞吸取经验教训，采取了"屯粮足兵，闭城自守，外连东吴，割据淮南"的战略方针。但依旧无法改变战争的结果——司马家的这次镇压虽不像前两次那样轻松，可最终还是获得了胜利。

其实，回头看看这三次叛乱，看似是支持曹魏与支持司马的较量，其实都是地方势力与中央政权的斗争。这三次叛乱,都是因为司马家的篡权而发生,但除了毌丘俭之外,大都立场模糊,无非是想在这场纷纷扰扰的政变中分得一杯羹。

淮南三叛的失败结局标志着司马家取代曹魏已成定局。自此,司马昭可以大摇大摆地走上篡位之路了。

景元元年五月的一个清晨,在曹魏皇宫的陵云台上站着一个身披龙袍、手持利剑的少年。他望着台下几百仆役组成的天子卫队,紧握着手中的宝剑,说出了那一句传世名言"司马昭之心,路人皆知!"随即带领着众人向司马昭所在的相府杀去。这个少年便是曹魏的现任皇帝、睿智好学的高贵乡公曹髦。

曹髦是"谨慎守礼"之君,这从他入宫时亦步亦趋、遵从礼度、无丝毫错乱的行为中便可看出,当时曹髦的风采也让文武百官看到了曹魏的希望("百僚欣欣"),甚至就连钟会也赞道:"才同陈思,武类太祖。"

皇帝亲领卫队前来讨伐相府,这是极为罕见的大事。一时之间,相府守卫纷纷后退,无一人敢对皇帝出手。司马昭的亲信贾充见情况不妙,连忙喊道:"公养汝辈,正在今日。"皇帝之威可以震慑住忠臣与凡人,但却震慑不住奸臣与亡命徒,而贾充是个大奸臣,其麾下的成济则是个亡命徒。

"成济抽戈犯跸,刃出于背,弑天子于车中。"皇帝曹髦就这样死在了一个亡命之徒的手中,而这个亡命徒虽然为司马氏立下了不世之功,却被当作弑天子的顶罪羊。不仅身首异处，更是株连九族。

无论是司马师的废天子，还是司马昭的弑天子，虽然引起了不小的风波，但却丝毫没有动摇司马氏的根本，此时的曹魏政权早已是名存实亡了。

既然"安内"已经完成，那么就可以着手"攘外"了。

景元四年，司马昭发兵18万，令钟会、邓艾、诸葛绪三道伐蜀。对于伐蜀一事，朝臣大多是反对的，就连邓艾也极言"蜀不可伐"，只有好立功业、心大志远的钟会一力赞同。所以在伐蜀的安排上，司马昭是极度偏向钟会的，他就是想把功劳送给钟会。

18万大军，邓艾与诸葛绪每人只分得3万，而且两人被派去一前一后围堵蜀军的主力姜维了，钟会则带着十余万军队从汉中直指成都。

可惜变化总比计划快，本来应该被拖住的姜维，却突出包围进军到剑阁，反而把钟会给拦住了；而本来负责外围拦截的邓艾却因为没有了姜维的羁绊反而走险路、直奔成都而去了。结果是司马昭想让立功的钟会没有立功，不想让立功的邓艾反而立了功。

邓艾在攻占成都后，滋生了自高自大的骄傲情绪。他秉承着"将在外君命有所不受"的原则，拿着节钺擅自任命降臣、布置方略，这使得本来就对他没有好感的司马昭更加愤怒。

于是司马昭立刻诏令钟会、卫瓘等人就地收押邓艾，不为别的，就为他的目无君上、自高自大。于是邓艾就这样稀里糊涂地被抓了起来，若从战术而言，邓艾做的没错；但从权术而言，他无疑犯了致命的错误。而且邓艾这个人生性刚急，人缘极差，就连他的部下都自告奋勇去举报他"谋反"。

"成功之后，戒惧之时也。"

邓艾是个优秀的军事家，却不是一个合格的政治家，他为他的不懂谦退付出了生命的代价。与钟会的"自作孽，不可活"相比，邓艾之死是很冤枉的。

架空曹魏，消灭蜀汉，天下三分，其二已落入司马氏之手！

第三部

孙吴篇

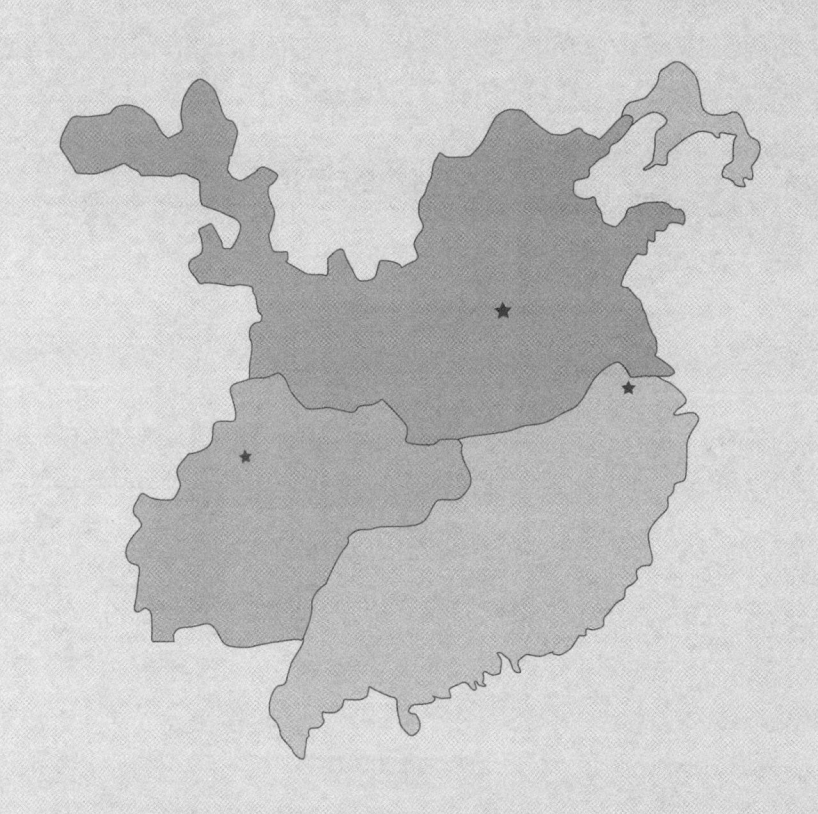

一、龙骧虎步

三分天下，独得其一。

江东孙氏向来被称作"三世基业，国险民附"，孙坚打出了忠义之名，孙策打出了江左之地，而孙权则打出了三分天下。

据记载，孙坚是孙武的后人，大概是命中注定的开基之主，他出生前后可谓是"异象丛生"。不仅祖坟上冒出了"五彩云气"（历来被看作是"帝王之气"），而且其母还梦到了自己的肠子从腹中出来，绕城门三匝，这实在是非同小可。不过孙坚此人倒也颇有些作为，似乎真是孙子的遗传基因好，孙氏家族的人大都"年轻敢为"。

孙坚十七岁便敢独自一人捕杀海贼，还"斩其首还"，从此一炮走红，得到了州郡的重视。之后又参与讨伐会稽贼许昌的行动，立下功绩，历任三县县丞。但其真正发迹却是在讨伐黄巾的战役中，孙坚跟随中郎将朱儁于宛城大破黄巾主力，因此被汉庭封为"别部司马"。从此孙坚的名声彻底进入到朝廷的上层，得到了中央认可。所以当时的车骑将军张温才会专门征聘他，作为参军来讨伐凉州的"边章之乱"。

人终究是需要机会的，继张角给了孙坚一次扬名天下的机会后，董卓又向孙坚提供了一次更好的机会。

随着伐董势力的迅速壮大，孙坚也举起了伐董大旗。"大义上不含糊，私情上不地道"的孙坚在讨伐董卓的战斗中是出力最多，也是功劳最大的。南朝史学家裴松之称其"于兴义之中，最有忠烈之称"。

阳人大战，他斩杀了华雄；进军洛阳，他修复了皇陵；董卓和亲，他痛骂了李傕。虽然在大义上他表现出了一位忠臣应有的姿态，但是由于自身轻躁的毛病，也使得他做了不少近似于粗暴的错事。

在伐董的道路上，孙坚以私怨擅自杀害了两名朝廷大员：荆州刺史王睿和南阳太守张咨。前者的罪名是"坐无所知"，后者的罪名则是"稽停义兵"。这两个理由合起来看就非常有意思了，你不出来劳军，便是无视义军，该死；你出来劳军，便是耽误行程，该死。这一切的理由其实都是"莫须有"，完全取决于孙坚的个人好恶罢了。

初平三年，自诩为"袁氏故吏"的孙坚，在袁术的派遣下，跨汉水，围襄阳，主动向盘踞在荆州的刘表发动了攻击。

本来旗开得胜的大好形势，却因为他的一次"单马行岘山，为黄祖军士所射杀"而宣告瓦解。就这样，孙坚为"袁氏伟业"而牺牲，为自己的轻躁付出了血的代价。

孙坚虽死，幸运的是他还有个英雄儿子；不幸的是这个儿子也是一个轻躁之人。

孙策，与其父一样，少年英雄，英姿勃发。在孙坚伐董的那一段时间里，孙策虽然未能从父杀敌，可也没闲着。他在舒县这个地方安家落户，同时在进行着拉拢人才的活动（"收合士大夫"），周瑜、吕范等人便是在这个时候与孙策走到一起来的。

周瑜、孙策两人年纪相仿，才华相若，升堂拜母，有无通共，后来又一同迎娶了乔公二女"大小乔"，使得两人成了兄弟兼连襟，关系变得更加密切。

孙坚死后，孙策只能带着全家去投奔自己的娘舅丹阳太守吴景，巧的是，命运的车轮也把他推到了袁术的怀抱中。汉庭正式任命的扬州刺史刘繇、会稽太守王朗、庐江太守刘勋，毫不留情地将袁术私自任命的扬州官吏纷纷逐走，这其中也包括吴景在内。于是，兜兜转转，孙策只能去依附袁术了。

袁术是相当看重孙策的才华，不仅发自肺腑叹了一句"有子如孙郎，死了也无妨"，还把孙坚旧部人马还给了他。但袁术这个人和他哥一样，都喜欢打空头支票。孙策为他卖命，完全得不到什么实惠。于是一个契机来了，袁术要扫平江东，

第三部·孙吴篇

一、龙骧虎步

而这项重担在孙策的争取下，终于落在了自己的肩上。

孙策自然是着急尽早脱离袁术的掌控，所以他早有准备，事先便把家人送到了阜陵去，然后叫上吴景等亲戚朋友，潇潇洒洒地杀向江东去。没有袁术的掣肘，没有强劲的敌人（当时掌管江东郡县的都是一些文士书生），没有其他势力的干扰。

孙策兵锋所向，很快平定了江东六郡。之后，他立即更置官吏，全部任用亲族亲信担任要职。正在孙策苦恼用什么理由绝交袁术的时候，袁术再一次帮了孙策一个大忙：称帝。孙策得此消息，自是喜不自胜，连忙发出断交书，并以大义责备袁术，至此，孙策宣告彻底独立。

轻躁的孙坚死了，轻躁的袁术败了，轻躁的孙策也难逃自身性格打造出的罗网。正当其踌躇满志，意图进军中原、以迎汉帝的时候，许贡门人的刺杀行动也开始了。独自外出打猎的孙策，在江边为许贡门客所刺杀，死时年仅26岁。

一代才俊，猝然陨落。

孙氏父子的成功与失败正是"负重致远，轻躁亡身"的真实写照。当孙坚背负国家大义的重责时，他能够忠义奋发、赢得美名；但当他变得轻躁妄进时，却因此断送了自己的性命。孙策亦然，在他背负"为父报仇"的血海深仇时，他能够打出一片天地，而当他轻躁妄进时，却和其父走上了相同的道路。

第三部·孙吴篇

一、龙骧虎步

《周易·系辞》有言："服牛乘马，引重致远，以利天下，盖取诸随。"自古以来，便有"君子厚重"一说，一个人当拥有稳重、谨慎的品格，切不可万事随意，急躁冒失。孙策的英才早逝，使江东群龙无首，前途迷茫。在这风雨飘摇的江东乱局中，究竟谁主沉浮？

二、坐断东南

"年少万兜鍪，坐断东南战未休。天下英雄谁敌手？曹刘，生子当如孙仲谋。"

辛稼轩口中盛赞的"孙仲谋"，其实却是个"勾践式人物"。

那么，"勾践式人物"究竟有何特点呢？

孙权自小便长相清奇，不仅形貌奇伟，骨体不衡，而且目有精光。待到长大时，又长出了标志性的紫色须髯，这也许是一种长寿的表征吧，毕竟孙权最终活到了71岁，在古代已经算是高寿了。

建安五年，未满20岁的孙权被孙策指定为江东基业的继承人。从一个无所事事、在父兄庇佑下生长的少年，到统领江东、坐拥六郡的守成之君。似乎一夜之间，孙权不得不长大，也不得不承担起这份重任。

在面临"土地流失"（深险之地犹未尽从）和"人才流失"

（天下之士以安危去就为意）的双重危险下，年幼的孙权每日痛哭不止，既是思念父兄，也是一种恐惧——内忧外患，主幼国疑。历史上有许多朝代因此而衰弱，但东吴却是个例外，只因孙权身边有着两个可以改变江东命运的人物——张昭和周瑜。

张昭、周瑜以及孙氏旧臣就是在这种内忧外患的境遇下，苦撑起了江东的大局。对于人才问题，有张昭、周瑜等具有影响力的名士的笼络，许多"宾客"愿意成为"孙氏之臣"；对于山越问题，则采取了把诸多名将都下放到各地县城基层去当县长的方法，既保险又有成效。

经过三年的夙夜忧寐，江东又重新安定下来。孙权也终于可以松一口气，从而把目光对准了他的邻居兼仇人黄祖身上。

孙权对黄祖的三次用兵，既是彰显为孙坚报仇的决心，也是进据荆州的试探。建安八年，对黄祖进行了第一次进攻，消灭了黄祖的水军主力；建安十二年，第二次讨伐黄祖，俘虏了大批人口；建安十三年，第三次讨伐黄祖，屠城并斩杀黄祖。至此为止，孙权终于报了杀父之仇、定了内部动荡、灭了近敌黄祖。

然而，时局变化之快是孙权如何也料想不到的。就在"新造之吴"刚刚解决了内部问题，正准备采取鲁肃的"进占荆州，全据长江"战略时，曹操却以迅雷之势抢占了先机，本来怀着"杀刘备、占荆州"目的的曹操，此时是一不做二不休，想要顺带着解决这个毫不起眼的紫髯小子。

孙权本想借着给刘表吊丧的由头，派鲁肃刺探一下荆州的形势。没想到，鲁肃还没到荆州，曹操就已经到了，而且兵不血刃地接受了刘琮的归降。刘备则是见机不对，立刻南奔。荆州形势的突变完全打乱了江东君臣的原本计划。于是鲁肃急中生智，迅速做出了最为明智的决定——"联刘抗曹"。

作为江东真正的战略家，鲁肃面对着席卷而来的曹军，不退反进。终于在当阳长坂遇见了南逃的刘备等人，并与刘备、诸葛亮进行了一次紧急会谈且达成了联盟抗曹大计。历史上著名的"赤壁之战"从此拉开了序幕。

周瑜、程普领军三万与刘备屯聚在夏口的二万兵合力迎敌，于赤壁、乌林大破曹军。曹操引军败退，留下曹仁固守南郡、江陵等荆州重地。

周瑜、刘备自是不会放过乘胜追击的好机会，联军齐头并进，一直杀到江陵城下。与此同时，孙权也没有闲着，他亲自领兵攻打曹魏的重镇合肥，又派张昭攻打当涂、九江一代的亲魏势力，可谓是全线对曹作战。

曹仁被周瑜打得大败，弃城跑回了襄阳，而周瑜则顺势攻占了江陵、南郡；刘备趁机夺了荆州南部四郡，且屯兵于公安，与屯兵夏口的刘琦互为声势。赤壁之战后的一分荆州格局正式形成，曹操分到了江北的重镇襄阳、樊城，孙权分到了荆州的中心江陵，而刘备则占据了大半个荆州的土地。

三家形成了犬牙交错的对峙局面，而孙权在其中是最为不利的，因为江陵已经被曹刘完全包围起来了。

针对这种不利状况，孙权派了鲁肃屯兵陆口，为周瑜声势，而自己则到建业建起了石头城和濡须坞两大军事工程设施，以便防御曹军。

建安十九年，孙权终于攻克了梦寐以求的皖城。从此，曹魏南方一线最后的屏障只有合肥和襄阳了。

打败了曹操的孙权，并没有被胜利冲昏头脑，他静下心来一想，便认识到了一个极为严重的问题，自己的江陵还被曹刘包围着呢。于是孙权提出了二分荆州的建议：长沙、江夏、桂阳以东归孙权；南郡、陵零、武陵以西归刘备。

从表面上看，孙权得了便宜，毕竟土地变大了，不再被包围了。实际的最大受益者却是刘备。刘备得以占据了隆中对战略的荆州之军北伐曹魏的出口——江陵重镇，且在荆州之地形成了一个极为完整的版图体系。与刘备相比，孙权就是得了点偏远土地，曹操则是眼巴巴看着别人分赃而无能为力。

其实荆州从刘琦过渡到刘备是合情合理的，而且孙权当时也承认并认可了刘备的"荆州牧"职位（备为荆州牧，表孙权为徐州牧），只能说关于荆州的归属问题，其实是个"阴阳合同"：明面上，法理上，名义上是刘备的，其实暗地约定"借"孙权一大半。

在分割完荆州后，孙权可能觉得不太划算，于是他准备

"失之东隅，收之桑榆"，顺便领军攻打了一下合肥，结果于逍遥津惨遭张辽、乐进的痛击，险些丧命，从此留下了"张辽恐惧症"。

孙权攻打合肥屡次受挫，刘备却混得风生水起，不仅得了汉中，还称了"汉中王"。在强大落差的刺激下，他终于决定有所行动了。建安二十二年，孙权主动与曹魏修好和亲，而另一方面则对关羽装出一副伪善的面孔。

建安二十四年，前方传来了关羽"水淹七军、威震华夏"的消息。关羽的不可一世，不仅使得曹操如坐针毡，也使得孙权坐立不安。于是一场打着"讨关羽自效"的阴谋在关羽的身后悄然开始了。在吕蒙白衣渡江、进兵江陵与糜芳、士仁的卖国不抵抗的三重作用下，荆州全线溃败，关羽身首异处，孙权终于如愿以偿地获得了他心心念念的荆州。

如果说荆州之战是巩固了东吴的疆土，那夷陵之战的胜利则是正式确定了"三分天下的格局"。"夷陵之战"打得刘备"仅以身免"，打得孙权信心十足，更打得曹丕坐立不安。

此时的孙权走上了人生巅峰，"天下之雄，一世所惮"的曹操、刘备都曾经败于己手，更何况是区区的曹丕呢？魏吴"中州之战"就在孙权的满怀信心下开始了。

这次战斗规模很大，影响却很小。双方架势很猛，但却草草收场。最终朱桓于中州击败了曹仁之子的先锋部队，曹仁撤军，接着魏军全线撤退。就这样，曹丕又来长江边逛了一圈，而孙权的信心则膨胀到了极点。

魏军退了，刘备死了，孙权终于可以放心了。

黄武二年，蜀汉派遣邓芝前来和谈。黄武三年，孙权派遣张温返聘于蜀汉。吴蜀两国再一次建立起"攻守同盟"的邦交。

黄武七年，在取得石亭之战的胜利后，孙权做出了正式称帝的决定。"东吴大帝"的诞生，标志着三国的正式开始。

新皇即位三把火。这对于后期好大喜功的孙权而言，更为显著。第一把火，便是迁都。孙权再一次把都城从武昌迁回到了建业，而武昌旧都则留下了太子孙登和上大将军陆逊留守。内部的杂务皆交由二人处理。那么身为皇帝的孙权干什么呢？

当然是去烧第二把火——开疆扩土。蜀汉是同盟，不能动；曹魏太强，动不了。算来算去，能体现东吴大国之威的地方也就只有偏远地区了。于是孙权派卫温和诸葛直乘船浮海去攻打台湾、海南一带的土著居民，顺便寻求长生不老之术。结果二人只带回了海岛上的几千岛民，大帝一怒之下，给二人来了个"办事不力、下狱诛杀"。

寻求长生一事如果算是孙权的昏庸，那么接下来这事就是十足的无道了。异想天开的大帝居然相信公孙渊的一面之词，派人将兵万人，携带无数珍宝去招降公孙渊，结果宝贝让人扣了，人头让人砍了。大帝盛怒之下，竟然要发兵跨海攻打辽东，幸好因群臣劝阻而作罢，否则必然损失惨重。

孙权在对外的战略上多有失策，使得吴国国力受到了巨大打击，然而真正的危机起于萧墙之内。

吴国国政向来以用法深刻著称，为了减轻百姓负担、施行仁政，陆逊曾多次上书，然而并没有得到孙权的认同。正是由于这种压迫式的统治，使得孙权后期"盗贼蜂起"，但他仍是不思反省，一面下诏令诸县城治城郭、起高楼，一方面重用术士王表、纺绩诸人，事事问于神道。而诸多政治上的不当举措，也直接导致了后来吴国的长期动荡不安。

与蜀汉的丞相大权独揽相比，孙权实行了集君权、压相权的手段。他在登基后，力排众议，弃众望所归的张昭于一旁，转而任用孙邵、顾雍、步骘等默默无为的人来担任相位。其中顾雍更是凭借着"不管事、不多嘴"做了19年的"伴食宰相"。

相对于挂名丞相的不作为，吴国设立了两个权力极大且十分作为的机构：尚书选曹和校事府。"校事府"是一种类似于后世东西厂和锦衣卫的监管大臣的机构，其校事吕壹更是个阴险小人，制造了很多冤假错案，就连诸多国家重臣也不能免，一时之间，人人自危。

尚书选曹，是东吴选举管理的用人单位，尚书暨艳是个"至清无鱼"之人。他选举标准就是"唯德是举""沙汰众官吏，唯留清议"。对于一切贪污腐败的官员是毫不留情的，只要有一丝污点,在他面前这辈子都升官无望了。公正地说,这是一个具有大理想、大正直的清廉之官,可惜他没能遇到一个好的世道与君主。群臣与公族的不满、小人的挑拨,孙权的猜疑,使得这个力图打造一个清明盛世的理想家冤死于狱中,东吴也从此陷入了混浊腐败的深渊。

孙权末年的猜忌无道,直接导致了朝政混乱与正臣流失。这与其前期的用人方针截然不同,可见孙权是个割据之主,而非治世之主。

孔子有言:"虽小道,必有可观者,致远恐泥。"孙权正是如此,在一些小的方面,工作做得十分到位,例如对着周泰的伤口痛哭流涕,把陈武的小妾殉葬,养育凌统的孤儿,亲自查看吕蒙的饮食等。但我们来看,孙权功臣的后代,又有几个得到了善终?

靡不有初,鲜克有终。前半生的他励精图治,卧薪尝胆;后半生的他果于杀戮,堪称无道。孙权像极了勾践,能善始,却不能善终。

三、折戟沉沙

东汉末年，天下混乱，大大小小的战役轮番上演，但要说其中知名度最高的当属赤壁之战。如果说当年的官渡之战决定了北方的走向，那如今的赤壁之战就决定了整个天下的走向。

当时正值建安十三年（208年）正月，这时的曹操已将袁氏家族的残余势力清除干净，完成了北方的统一。这时候的他已经有了一种舍我其谁的霸气，成为各政治集团中实力最强的存在。

而此时摆在曹操面前有两个选择：一是向西进军，进攻马腾、韩遂集团；二是南下，向荆州刘表发难。谋士贾诩给曹操的建议是："先拿下马腾，再图荆州。如果直接南下荆州，难保马腾不会趁火打劫。"

但曹操并不这样认为。拿下马腾不过是巩固了北方，而攻取荆州则意味着天下一统，此时的曹操决定毕其功于一役，在自己有生之年完成统一大业。所以，他毅然选择了南下荆州。不过曹老板也不是说干就干，在南下荆州之前，他还是作了充足的准备。

为了保障自己的后方安全，曹操上表封马腾为卫尉，封其子马超为偏将军，代替马腾统领部队，又封其子马休为奉车都尉，马铁为骑都尉，同其余家属徙往邺城。其实，这就是人质，告诉马超不要轻举妄动。

在解决了后顾之忧后，曹操终于踏上了南下荆州的征程。

也就是在同年八月，荆州牧刘表病逝了。

这对于曹操来说可是一个好消息，然而对另一个人来说却是天大的坏消息。

那人就是寄居在荆州的刘备。

可更坏的还在后面呢。

刘表的次子刘琮在降曹派蔡瑁、张允的拥立下继任荆州牧，刘琮不过是个娃娃，本没有什么主见，在蔡瑁的劝说下，很快就向曹操递交了降表。可这件事始终都是在暗中秘密进行的，以至于屯兵在樊城的刘备事先根本不知道这个情况，直到曹军出现在与他相距二百六十里的宛城时，刘备才发现刘琮已经独自投降了曹操。

怎么办？

打是打不过的，只能跑了！

如果是人少，那还跑得快些，但如今的刘备是"拖家带口""荆楚之士从之如云"的，想跑得快便只能放弃追随者。

一边是江陵城的军械物资和保住性命的机会，一边是身边聚拢的人心，刘备要怎么选？

他选择了后者！

刘备选择了人心，而曹操却选择了物资。

江陵（南郡治所）作为刘表的大后方，位于汉水与长江之间，是荆州最大的粮仓储备地和武器库，也是水师驻防的要地。荆州当地自古流传的铭训："不得江陵，则无以卫襄阳；不得江陵，则无以图巴蜀；不得江陵，无以保江夏；不得江陵，则无以固长沙。江陵于荆州诸郡皆有辅车之势，当途者不可不察也。"

曹操知道江陵有许多军备物资，如果被刘备占领，又得费一番功夫抢回来。所以当他到了襄阳，知道刘备已奔江陵而去时，就赶紧留下辎重，自己亲率5000精兵去追赶刘备，马不停蹄地跑了一天一夜，终于在去往江陵的当阳长坂追上了刘备。

刘备见大事不妙，便抛妻弃子而走，恰巧赶上了关羽的水军前来接应，一行人才得以侥幸逃命，前往夏口（汉水与长江交汇处，位于江北），与刘表的长子主战派刘琦会合。

下荆州，降刘琮，收江陵，走刘备。从出兵到现在，曹操一路上势如破竹，根本没有受到什么阻力。这时的曹操对于未来的胜利充满了信心,他已经占据了荆州七郡中的南郡、南阳、武陵、长沙、零陵、桂阳六郡以及江夏郡的北部,水陆骑兵二十万以上,试问天下谁还是敌手?

而刘备兵败长坂之后,与刘琦退守夏口,虽占据战略要地,但毕竟势单力薄,"战士还者及关羽水军精甲万人,刘琦合江夏战士亦不下万人",区区两万之卒守一孤城,与曹操的二十余万大军抗衡,无异于以卵击石。

就在曹操志得意满之时,有人出来泼冷水了!

第一个泼冷水的是贾诩。贾诩建议曹操应该停止进军,先巩固手头上的地盘,然后再慢慢去抢夺更多的地盘。

第二个站出来泼冷水的是程昱。他说:"孙权新在位,未为海内所惮。曹公无敌于天下,初举荆州,威震江表,权虽有谋,不能独当也。刘备有英名,关羽、张飞皆万人敌也,权必资之以御我。难解势分,备资以成,又不可得而杀也。"

贾诩看出了曹操的弱点——志得意满,过于急躁;

程昱看出了敌人的强大——孙刘合力,不可小觑。

但在曹操看来,老对手刘备已是釜中之鱼,其处境与当年投奔辽东公孙康的袁尚、袁熙兄弟相似;孙权小儿更非自己对手,只要大兵压境,再吓他一吓,就会俯首听命。他想要的是一鼓作气,毕其功于一役。所以在进驻江陵之后,曹操还给孙权写信:"近者奉辞伐罪,旌麾南指,刘琮束手,今治水军八十万众,愿与将军会猎于吴。"

其实早在曹操来信之前，孙权就已经有了行动。当时刘表刚刚去世，鲁肃向孙权自荐前去荆州吊唁，一是去打探刘表死后，荆州是谁掌管；二是去联络刘备，"说备使抚表众，同心一意，共治曹操"。

等到鲁肃到夏口时，就听闻曹操已向荆州进兵。鲁肃二话没说就赶紧去找刘备，最终在当阳见到了刘备。鲁肃表明了自己的来意，劝刘备与孙权联合，共拒曹操。此时的刘备非常需要孙权这个盟友，决定合力抗曹，并派诸葛亮随鲁肃去见孙权。

此时的孙权正在就曹操的来信召开紧急会议，虽然没有"舌战群儒"的精彩纷呈，但也很是紧张。孙吴阵营中分为两派，主降派以老臣张昭为代表。张昭认为投降的原因有两点：其一，曹操现在挟天子以令诸侯，名正言顺，我们与之抗衡，名不正言不顺；其二，我们能够依仗的不过是长江，然而曹操现在得了荆州，长江已经失去了屏障意义，而且曹操还得了刘表的水军，我们已经没有任何优势了。

不过，主战派的周瑜则不这么认为。他认为孙权拥有江东基业作为支撑，可以与曹操抗衡，并且周瑜还指出了曹操必败的四个因素：

其一，留有后患马超、韩遂；

其二，曹军不善水战；

其三，严冬草料不足；

其四，北方士兵来到南方会水土不服，有可能发生疫病。

虽然前三点，曹操都有准备，周瑜的论点有所牵强，但这第四点到最后还真的就被周瑜言中了。

周瑜还进一步分析了曹操的兵力："诸人徒见操书，言水步八十万，而各恐慑，不复料其虚实，便开此议，甚无谓也。今以实校之，彼所将中国人，不过十五六万，且军已久疲，所得表众，亦极七八万耳，尚怀狐疑。夫以疲病之卒，御狐疑之众，众数虽多，甚未足畏。"

曹操说自己有八十万部队，其实就是在吹牛！一番分析之后，周瑜还毛遂自荐要求率领精兵数万人，迎战曹操。

终于有人敢说"不"了！

与此同时，诸葛亮带来的刘备的联盟意向也的确为孙权带来了信心。此时的孙权无比激动，就势拔出佩剑，砍向面前的奏案，说道："诸将吏敢复有言当迎操者，与此案同！"最后孙权任命周瑜、程普分为左、右都督，率兵与刘备合力迎战曹操。

其实，不管是怎样的战略分析，还是怎样的军事联盟，孙权之所以铁了心地要和曹操干一仗，其根本原因就如鲁肃说得那样："今肃可迎操耳，如将军，不可也。何以言之？今肃迎操，操当以肃还付乡党，品其名位，犹不失下曹从事，乘犊车，从吏卒，交游士林，累官故不失州郡也。将军迎操，欲安所归？愿早定大计，莫用众人之议也。"

第三部·孙吴篇

三、折戟沉沙

我鲁肃这样的臣子可以投降曹操，那样我还可以给曹操打工，混口饭吃，可是主公您什么下场就不好说了啊！

在孙权看来，投降给曹操打工是不可能的，永远不可能！因为那时候小命都没有了！

有时候，一场联盟并不一定有多少的大义在里面，更多的是当权者从自己的利益出发而形成的。

同年十二月，周瑜带着孙吴部队与刘备兵合一处，迎来了与曹操的第一次交手。这月的一天，孙刘联军逆水而上，行至赤壁，恰巧与正在渡江的曹军遭遇。当时曹营之中已经发生了疫病，再加上新编水军及新附荆州水军难以磨合，士气明显不足，初战就被孙刘水军打败。

孙刘联军获得了第一回合的胜利，曹操无奈只得暂且回到长江以北，把战船靠到北岸乌林一带，操练水军，等待良机。周瑜则把战船停靠南岸赤壁，隔长江与曹军对峙。

曹操为了能够让北方战士可以适应水战，就将战船用铁索相连，这样战船就不会产生大幅度的摇晃，人马于船上如履平地。这样看似无懈可击的策略，其实已经被对手抓住了弱点。周瑜的手下黄盖就建议周瑜使用火攻，自己带着装满干草、火油的船只前去诈降，到时候一把火就可以将曹操的战船全部烧毁。

周瑜认为此计甚妙，就让黄盖依计而行。

那一天，忽然刮起了东南风，仿佛是老天爷也要帮助孙刘联军一样。黄盖带着船只来到曹军近前时，下令点燃船只上的干草，一艘艘着了火的船冲进曹军的船阵之中，引燃了用铁索相连的战船。曹军顿时慌作一团，人马烧死和淹死的不计其数。周瑜等率领轻装的精锐战士紧随在后，奋勇向前，曹军大败。

曹操一看形势不好，赶紧带着人跑了。这一路上，曹军疫病横行，死伤甚多，等到了江陵，曹操才得以缓上一口气。曹操担心赤壁失利会使后方政权不稳，所以立即就回了北方，留曹仁、徐晃等继续留守南郡。

第二回合，孙刘联军大胜。

此时的荆州的局势可以说是发生了翻天覆地的变化。曹操占据了荆州北部的南阳郡和南郡以及江夏郡长江以北的一部分；刘备和刘琦占据了江夏郡夏口一地，江夏郡的江南大部则在孙权之手，广阔的长沙、零陵、桂阳、武陵荆南四郡虽然在刘表之子刘琮投降曹操后名义上属于曹操，但是在曹操战败之后实际上是无主之地。

这个时候正是孙刘联军乘胜追击、占据荆州的大好机会。不过，周瑜并没有去进攻荆南四郡，而是选择了进攻南郡。这是因为：

其一，对东吴而言，江东处于长江下游，南郡在长江上游，从南郡顺江而下很快就能到达江东，一路几乎无险可守，南郡相当于是东吴的门户对东吴实在太过重要；

其二，南郡是连接荆北和荆南的枢纽，先拿下南郡，荆南和荆北就相当于被南郡隔开了，孙权和周瑜就可以从容的对付荆南四郡；

其三，南郡和益州接壤，从南郡郡治江陵沿江而上就是秭归，秭归过去是奉节由此进军益州是一条捷径，虽然荆南四郡也通往益州，但是都比不上从南郡进入益州快捷。

孙权和周瑜取得赤壁之战大胜后下一步就是攻取西川，其实周瑜在拿下南郡后已经着手准备攻取西川了，只是因为英年早逝来不及实施这一计划。

面对军事重镇江陵，周刘二人并没有强攻，而是让甘宁前去占领位于长江以北、江陵以西的夷陵。碰巧的是，曹仁并没有在此布置防守，甘宁不费吹灰之力就拿下了夷陵。曹仁一看形势不妙，赶紧派兵去围攻甘宁，周瑜则派吕蒙前去支援，打退了来攻的曹仁。

建安十四年（209年），周瑜开始进攻江陵，南郡之战，正式打响。

这时候刘备站了出来，刘备派张飞到周瑜帐下听从调遣，助力周瑜攻打江陵，并以一千士兵向周瑜换来两千士兵，派出关羽切断江陵与襄阳之间的联系，彻底孤立了曹仁。刘备自己也没闲着，他说你周瑜不着急拿下荆南四郡，那我就替你收下好了。毕竟我还没有地盘呢！就这样荆南四郡悉数纳入刘备手中，刘备一时间成了赤壁之战最大的受益者。

周瑜的部队擅长水战，并不擅长攻城作战，而刘备一直忙着占地盘，江陵久攻不下，导致南郡之战陷入僵持阶段，好在关羽一直在北部拖延曹操的援军。

周瑜一看这也不是办法，就和曹仁约定决战。周瑜还亲自上阵攻城，结果被流矢射中右肋，伤得非常严重。曹仁一听周瑜受伤，就赶紧派兵来攻，结果周瑜又奇迹般地出现在阵前，曹仁只能无功而返。

双方僵持了足足一年有余，曹仁在损失惨重后弃城退走，南郡遂为孙吴所有。

回顾整场赤壁之战，很多人的印象都是孙吴是主力，刘备是辅助。然而在史书中描写赤壁之战，都把刘备当作"主力"，比如《吴书》中写到"江东佐先主据曹公"，甚至于在以曹操阵营角度来记录的《武帝纪》中，关于赤壁之战的主角那就是曹操和刘备——"公至赤壁，与备战，不利。于是大疫，吏士多死者，乃引军还"，至于孙权，更是提都没提。

其实，这很大程度上是因为刘备在赤壁之战的前中期的各个阶段参与度都非常高。

第一，刘备派出诸葛亮出使孙吴，坚定了孙权抗曹的决心，达成联盟；

第二，刘备曾在江夏郡和当时初任江夏太守的文聘有过交战，并击退文聘；

第三，和周瑜一起击破曹操，"瑜、普为左右督，各领

万人,与备俱进,遇于赤壁,大破曹公军";

第四,追击曹操,"备、瑜等复追至南郡";

第五,平定荆南四郡,刘备"表琦为荆州刺史,又南征四郡";

第六,派遣关羽绝北道;

第七,派遣张飞协助周瑜攻克南郡。

从这些事件看出,刘备参与了赤壁之战的每一个环节,他也从一开始就坚定了与曹操抗争的想法。所以,在很多的资料中,我们看到的多是刘备的影子。可以说,刘备并不是"打酱油的",而是和孙吴一样,都是取胜的中坚力量。

赤壁之战最终以孙刘联盟取胜而告终,赤壁之战后,曹操北撤,此时,荆州七郡,曹操占据北部最大的南阳郡,孙权占据半个江夏和半个南郡,刘备占据半个江夏和半个南郡以及荆州南部的四郡(长沙、零陵、桂阳和武陵)。之后,刘备又以发展势力为由向孙吴"求都督荆州",孙权在鲁肃的建议下,将南郡郡治江陵让出,即"借荆州"的由来。

赤壁之战,对于曹刘孙三方都有着巨大的影响:刘备获得了喘息与发展的契机;孙权从无名小辈变得天下闻名;曹操则无力再图南方。

天下三分,初显雏形。

四、江东子弟

1. 周瑜：与公瑾交，若饮醇酒，不觉自醉

周瑜出身世家大族，祖上三代，有两人做到了三公高位，即使与号称"四世三公"的袁绍比起来，也不遑多让。常言道："自古雄才多磨难，从来纨绔少伟男。"老话虽如此，但总有例外。周瑜虽家世不凡，但并没有沉寂在安逸的环境里。

他从小好学，诗词经赋，刀枪剑戟，无一不精，而且还十分精通音律。即便在酒过三巡后，也能清楚觉察到弹奏者的细小差错，"曲有误，周郎顾"一时传为美谈。

唐人李端曾在《听筝》一诗中写道："欲得周郎顾，时时误拂弦。"原来，有些人为了能得到周瑜的关注，竟故意在演奏时弹错音律。不为别的，只因周瑜人长得帅，所以很多人都渴望"见其风采"。

长得帅，还远远不够；帅而有才，方才经得起岁月摧残。

对于周瑜的才华，苏东坡则是一语道破："遥想公瑾当年，小乔初嫁了，雄姿英发。羽扇纶巾，谈笑间，樯橹灰飞烟灭。"

多才多艺，不过小道，运筹帷幄，方为大才。

赤壁之战时，周瑜曾在一片投降声中独树一帜，以高瞻远瞩的战略眼光，为孙权分析曹操劣势。并放出豪言壮语："曹操此来，自寻死路，为天下除残去秽，正在此时！"

周瑜的一番见解，给孙权吃下了一颗定心丸。最终，在周瑜的指挥下，孙刘联军于赤壁大败曹操，从此奠定了三分天下的格局。

《左传》有言："华而不实，怨之所聚也。"一个人如果虚有其表，那是不会受到欢迎的。美貌不过是人生的点缀，才华方是人生的依仗。

除了才华外，周瑜的气度更令人心折。

孙策病逝后，将"江东之主"的位置传给了其弟孙权，并留下了一个用人金句，"内事不决问张昭，外事不决问周瑜"。在孙策的临终授意下，孙权将周瑜提拔为都督，而资历最深的老将程普则担任了他的副手。

从孙坚起兵讨伐董卓起，程普便追随孙氏一族南征北战，若论年龄和资历，整个江东无人能出其右。但如今却被这个"乳臭未干"的周公瑾压了一头，这口气如何能咽得下去呢？于是，程普决定好好教训一下这个后生晚辈。

据《江表传》记载："普颇以年长，数陵侮瑜，而瑜折节容下，终不与较。"面对流言蜚语，一笑置之，才是最好的回应，遭到别人诋毁，淡然处之，才是绝佳的风度。周瑜正是如此对待程普的。周瑜的风度，让程普自惭形秽，也彻底化开了他心中的怨气。程普不仅从此对周瑜"敬服而亲重之"，还逢人便说："和周公瑾交往，就像饮醇香的美酒一般，不知不觉自己就陶醉了。"

《菜根谭》有言："量弘识高，功德日进。"气度是仁者的德行，是智者的胸怀，也是令对手折服的无形利器。

当曹操听闻周瑜的雅量气度后，不由得起了爱才之心，于是他就派帐下幕僚蒋干去拉拢周瑜。

周瑜一见蒋干，便闻弦歌而知雅意，他知道蒋干因何而来，但他并没有对蒋干表现出任何猜忌。他只是带着蒋干四处走走，美酒佳肴招待着，后来更邀请蒋干参观军营。

试想一下，在双方互为仇敌之时，周瑜竟然还带着对手去参观自己的军事部署，这是何等气魄！参观之际，他向蒋干表明心迹：丈夫处世，遇知己之主，外托君臣之义，内结骨肉之恩，祸福共之，即使苏秦张仪在世，也无法动摇我分毫啊。

周瑜的气度，让蒋干十分佩服，他一句话也没说，转头便回到了曹操那里。蒋干对曹操说道："周公瑾雅量高致，非言辞所能动。"曹操听后虽感遗憾，但心中却对周瑜更加高看了几分。

周瑜的宽厚气度，让他活出了一个人真正的潇洒。

有人说，周瑜的忠肝义胆之气，实不亚于诸葛亮。他年少时曾与孙策结为"总角之好"，在他眼中，孙策既是知己，又是明君。当时孙策之父孙坚刚刚去世，此时的他正值用人之际，而周瑜的到来，无疑让他欣喜异常。

孙策紧握着周瑜的双手，豪气干云地说道："公瑾远来，我事成也！"也许就是孙策此时的真情流露，让周瑜下定决心随他驰马天下，成就霸业。后来孙策为刺客所杀，在临终前将军国大事托付于周瑜。孙策死后，周瑜算是江东最具名望和实力的人，他有足够的能力独领江东，坐拥一方。就连刘备也说："公瑾文武筹略，万人之英，顾其器量广大，恐不久为人臣耳。"

但周瑜没有这样做，他一直信守着对亡友的承诺，忠心耿耿地辅佐孙权。孙权初继位时，文武群臣都不把这个十几岁的少年当回事。唯有周瑜和张昭二人言行恭谨、从不逾矩，始终以君臣之礼来要求自己。正是如此，江东的基业才会渐渐稳定下来，最后步入正轨。

从平定江东到匡扶少主，从赤壁之战到争夺南郡，周瑜始终尽心尽力维持着江东的基业。权力的巅峰，周瑜触手可及；忠诚的信条，周瑜永生不忘。

在世复几时，倏如飘风度。

我们读懂了周瑜，也就读懂了风度，多点风度，少点旁鹜，匆匆百年，如是而已。

2. 鲁肃：不谋全局者，不足谋一域

读过《三国演义》的人，往往会为周瑜"抱不平"，明明是一个心胸开阔的儒雅君子，却偏偏被写成了嫉贤妒能的小人。其实，在《三国演义》中，周瑜并不是最"冤"的，还有一人比他冤。

此人便是东吴的第二任大都督——鲁肃。

鲁肃出身于当地望族，是一个标准的富二代。不过，他这个"富二代"有些与众不同，别人有钱，想的是自己如何享受，他想的却是如何救济别人。史书说他："性好施与，不治家事，大散财货，摽卖田地，以赈穷弊结士为务。"

仗义疏财，慷慨豪迈，关键还讲义气，鲁肃身边很快便聚集了不少"小弟"。而他也经常带着这些小弟山中射猎，讲武习兵，真别说，此时的鲁肃倒真有点宋江宋大哥的意思。对于鲁肃的行为，族中的父老看不下去了，他们纷纷指责道："看来我们鲁氏一族真的要完了，居然出了这么个浑小子！"但他们怎么也想不到，就是这个"浑小子"，却拯救了整个家族。

汉末乱世，盗贼横行，官兵肆虐，很多富贵之家往往因为"家富于财"而遭到洗劫。鲁肃深知，在乱世之中，比财富更重要的，是要有自保的能力。所以他挥金如土，招聚了

许多因战火而流离失所的少年，组成了自己的一支家族武装。让那些想打他主意的盗贼与兵痞，不敢轻易来犯。日子久了，鲁肃的名声越来越大，想与之结交的人也越来越多，其中便包括周瑜。

有一次，周瑜军中缺粮，在听说鲁肃乐善好施后，便带人来拜访，请他资助一些粮食。当时鲁肃家中有两囷粮，各三千斛。周瑜刚说出借粮之意，鲁肃便毫不犹豫地赠给了他一囷粮。

经此一事，周瑜更加确信鲁肃是一个不同凡响的人物，便主动与之相交。鲁肃虽舍去了一半粮食，但收获了一位挚友，历史上也因此多了一段"指囷相赠"的佳话。

曾国藩说："利可共而不可独。"分享不是施舍，不是恩赐，而是一种广结善缘的表现。

事实证明，正是这次分享，彻底改变了鲁肃的一生。

不久之后，鲁肃为躲避战火，举家迁居东城，而那时的东城，正是袁术的辖地。袁术也曾听闻鲁肃的名声，便邀请他出任东城长。但鲁肃见袁术"无纲纪，不足与立事"，便拒绝了对方的邀请，前往居巢投奔周瑜。后经周瑜举荐，成了孙权的座上宾，开始在这风云际会的乱世里大显身手。

众所周知，刘备之所以能在赤壁战后迅速崛起，很大程度上得益于诸葛亮的"隆中对"。其实，鲁肃的战略眼光，并不在诸葛亮之下。他一来到江东，就为孙权提出了著名的

"榻上策"，堪称孙吴版的"隆中对"。

公元200年，年仅18岁的孙权独领江东。当时，江东局势动荡不安，外有强敌环伺，内有叛乱迭起，年轻的孙权对东吴的未来充满了担忧。然而，鲁肃的到来打破了这一困局，为江东的发展做出了明确的规划。

鲁肃在与孙权同榻共饮之时，前瞻性地指出："汉室不可复兴，曹操不可卒除。为将军计，唯有鼎足江东，以观天下之衅。剿除黄祖，进伐刘表，竟长江所极，据而有之，然后建号帝王以图天下，此高帝之业也。"

这一番话，让孙权拨云见日，深受震撼。以至于许多年后，孙权在称帝祭天时，仍对公卿们感慨说："过去鲁子敬曾经说到此处，可谓明于事势矣。"如此清晰的规划，对于孙吴的发展极具战略意义，也让孙权对这个初来乍到的宾客刮目相看。而鲁肃后来的表现，也未让他失望。

公元208年，曹操举兵南下，刘备遁逃，江东震恐。面对号称"80万"的曹军，江东群臣彻底慌了。众人议论纷纷，你争我吵，最后一致认为：应该投降！此时的孙权虽不愿意投降，可在面对强大的曹军时，他也没有信心。就在此时，鲁肃站了出来。只见他坚定地对孙权说："众人所说，都出于私心，没有为主公考虑。试想一下，我们投降曹操，还可以做一个地方官，而您投降曹操，还会有如今的风光吗？"

鲁肃力排众议，点明利弊，彻底坚定了孙权抵抗曹操的决心。不仅如此，他还亲自前往前线，去迎接南下的刘备，向其传达两家联合抗曹的想法。不管是在演义中，还是在历史中，如果没有鲁肃的斡旋，或许就没有稳固的孙刘联盟，也就没有三足鼎立局面的形成。

赤壁战后，刘备为了借取荆州，曾亲自前往建业拜会孙权。对于刘备的"自投罗网"，孙吴阵营中的许多人都建议孙权趁机将他扣下。只有鲁肃站出来反对："将军虽神武命世，然曹公威力实重，初临荆州，恩信未洽，宜以借备，使抚安之。多操之敌，而自为树党，计之上也。"

鲁肃之所以支持借荆州，是从大局考虑的，为的就是长期巩固孙刘联盟，让曹操不敢再次南下。最后孙权听从了鲁肃的建议，将荆州借给了刘备。不过，"借荆州"虽然打消了曹操再次南下的企图，却也让孙吴阵营吃了大亏。

刘备在平定了益州之后，依然不肯将荆州还给孙吴，并且还给关羽增派了三万士兵，以此防备孙吴的偷袭。当时孙刘双方的疆土犬牙交错，曾多次发生摩擦，剑拔弩张，联盟几近决裂。

但鲁肃一向顾全大局，他不忍与刘备决裂而让曹操有机可乘，便准备与关羽约谈，提出双方"单刀赴会"的建议。

待见到关羽后，鲁肃以大义相责："国家区区本以土地借卿家者，卿家军败远来，无以为资故也。今已得益州，既无奉还之意，但求三郡，又不从命。"

鲁肃一番慷慨陈词，令一向高傲的关羽哑口无言。而面对关羽这样的当世虎将，鲁肃也没有丝毫的恐慌，反而据理力争。这次会面的结果是，双方议定，以湘水为界，平分荆州，孙刘两家将摒弃前嫌，继续守望相助。其实，孙刘双方的合作一直伴随着摩擦，之所以能够维持，很大程度依赖于顾全大局的鲁肃从中调和矛盾。

"不谋万世者，不足谋一时；不谋全局者，不足谋一域。"

鲁肃正是这样的明白人。在他执掌江东兵权时，孙刘两家虽有矛盾，但总体上还是能够一致对外。可惜这种局面在鲁肃死后就戛然而止了。鲁肃去世后，孙权命吕蒙袭取了荆州，关羽兵败身死，孙刘联盟彻底破裂，即使后来双方又重修旧好，但也不复当年盛况。

直到后来，孙权似乎对鲁肃力主借荆州一事仍耿耿于怀，他对陆逊说："子敬劝吾借玄德地，是其一短。"话虽如此，但从曹操听说刘备借取荆州时，惊得毛笔都掉落的表现来看，鲁肃当时的决定无疑是正确的。正如他墓前那一句话所说："借荆能落曹公笔，切勿轻看冢中人。"

换言之，如若没有鲁肃的顾全大局，或许孙权也不能安坐论其长短吧。

3. 吕蒙：士别三日，当刮目相待

孙吴"四英将"大多出身于显赫世家，周瑜祖上位高权重，鲁肃"家富于财"，陆逊出身望族，相比这家世显赫的三人，吕蒙则显得极为特殊。他家一没钱，二没权，三没名，是典型的"三无家庭"。但就是在这种境遇下，他却从一个籍籍无名的"吴下阿蒙"，成长为独当一面的"无双国士"。而这"质的飞跃"，则源自他心中那一股"打死不服"的倔强精神。

鲁迅说："真正的猛士，敢于直面惨淡的人生，敢于正视淋漓的鲜血。"吕蒙既无背景，也无机遇，唯一能够凭借的就只有自己。出身低微的窘境，并没有阻碍吕蒙前进的步伐。他深知，要想建功立业，改变贫贱命运，就得有"舍不得孩子，套不住狼"的勇气与决心。

当时，吕蒙的姐夫邓当是孙策的部将，常年征战沙场。有一次，邓当奉命外出作战、讨伐山贼，就在两军交战正酣时，邓当突然在乱军中发现一个十分熟悉的背影。此人作战勇猛，身先士卒，正是偷偷随军而来的吕蒙。邓当发现后大为光火，连忙大喊道："阿蒙，快点回来！"可此时的吕蒙似乎杀红了眼，完全不顾邓当的呼喊，仍然向前冲锋。

待到战斗结束后，邓当二话不说，就把私自上战场的吕蒙送回了家，并在吕蒙母亲面前告了他一状。吕母知晓后，便想狠狠责罚吕蒙。面对责罚，吕蒙毫不退缩，反而昂首说道：

"贫贱难可居，脱误有功，富贵可致。不探虎穴，安得虎子？"

这句话里有辛酸，有无奈，更多的是吕蒙对多舛命运的抗争。物质上的贫穷不可怕，可怕的是精神上的贫穷。吕蒙是个明白人，他知道只有自己努力，未来方能有所改变。没过多久，吕蒙便因表现突出，被人举荐给了孙策，深受重用。后来又接替了邓当的工作，担当别部司马，独掌一支军队。到了孙权接班时，为了能够更好地管理军队，准备将一些作用不大的小部队合并。

听到这个消息后，一些列入裁员名单里的人都灰心丧气，准备作鸟兽散。但吕蒙却表现得与众不同，他不仅没有消极等待，反而热火朝天地干了起来。

他在干什么呢？

原来，吕蒙认为这是一个展现自己能力的机会，所以他决定在"新老板"面前露一手。他开始为自己的兵士做崭新的军装，又把兵器擦得锃亮，同时加紧操练，整顿军容。等到孙权来检阅时，吕蒙的兵马"陈列赫然，威风凛凛"。孙权一高兴，不但没有把他的部队合并掉，反而给他增加了兵员。

经此一事，吕蒙算是在老板面前出尽了风头。吕蒙凭借着自己锐意进取的勇气，朝着梦想不断努力，为自己的人生打开了一个新局面。

得到孙权信任的吕蒙，有了大展拳脚的机会。建安九年，孙权讨伐黄祖，不料后方山贼趁机而起。孙权让吕蒙前去平乱，吕蒙也不负期望，顺利完成任务，他也因平乱有功而被任命为平北都尉。

建安十三年，孙权再征黄祖，此次吕蒙更是担任了先锋要职。他一鼓作气，身先士卒，击败了敌人的精锐部队，为孙权取得了这场战争的胜利。从这时起，在孙权心中，吕蒙已经成了能够独当一面的大将了。

不过，虽然吕蒙的军事作战能力很强，但他的知识涵养却很匮乏。所以，很多人都称呼他"阿蒙"，似乎嘲笑他只是一介武夫。孙权自然也知道吕蒙的这一短板，所以才当面告诫他："如今你已是身居要职，不能只靠匹夫之勇了，你必须要读书学习。"但吕蒙却不以为意，以军务繁重为由推脱道："我在军中事务繁多，恐怕没时间读书啊。"

孙权恨铁不成钢，接着劝导："你再忙，难道还有我忙吗？我现在一有闲暇，就用功读书。再者，多读些书，对你以后的治军作战极其有益。"听了孙权的话，吕蒙恍然大悟。他本就是一个不服输的人，敢于直视自己的不足。虽然读书对于舞刀弄枪的自己来说，无疑十分困难，但为了改变自己的命运，他还是决定埋头苦读。

史书称其"笃志不倦，其所览见，旧儒不胜"，靠着这股冲劲儿，吕蒙逐渐用文化知识丰富了自己的头脑，成长为智勇双全的将领。

当时，鲁肃正要去陆口上任，恰巧路过吕蒙的驻地。鲁肃一向瞧不起吕蒙，便没有打算去拜访。此时，随从对鲁肃说："吕将军功名日显，不可以等闲待之，您还是去看看吧。"鲁肃颇为好奇，也想看看吕蒙有何变化，便来到了吕蒙处。

经过一系列的交谈后，鲁肃大吃一惊，连忙起身来到吕蒙身旁，拍着吕蒙的背说："我以为你只知道上阵杀敌，没想到竟有如此渊博学识，看来你早已不是当年的吴下阿蒙了。"吕蒙笑着说道："士别三日，当刮目相待，您怎么还能用老眼光看我呢？"吕蒙的进步同时也让孙权惊叹不已，他夸赞道："折节好学，耽悦书传，轻财尚义，所行可迹，并作国士，不亦休乎！"

赤壁之战，孙刘联军击败了曹操。战后，刘备趁机"借取"荆州，这让在赤壁之战中付出颇多的孙吴颇为不满。因而在孙吴阵营中，出现了要与刘备决裂、讨回荆州的声音。但当时镇守荆州的是关羽，关羽曾一度北伐曹操。在樊城降于禁、斩庞德，威震天下，就连曹操都不得不"议迁都以避其锋芒"。

面对这样一个强劲的对手，孙吴阵营中的大部分人虽对其不满，但也无人敢主动挑战。

不过，吕蒙丝毫不惧。

他是一个"战略上藐视敌人，战术上重视敌人"的人，他不惧任何强敌，只坚信勇者无敌。

在吕蒙看来，关羽虽勇武绝伦，但也有致命弱点——"性颇自负，好陵人"。而吕蒙就利用关羽孤傲自负的性格，对其加倍献殷勤，这在很大程度上麻痹了关羽，令其放松了对孙吴的警惕。

后来，吕蒙又假装称病，让名不见经传的陆逊接替自己，这让关羽更加放心了。麻痹，忽悠，示好，最后趁其懈怠，取其性命，这就是吕蒙对付关羽的方法。最后，吕蒙以退为进，假意撤兵，暗地让精兵伪装成身穿白衣的商人分批偷偷渡江，一举攻下了关羽的老巢。

罗素说："人生就像条河，有时候河身狭窄，夹在两岸之间，河水奔腾咆哮，流过巨石，飞下悬崖。"没有人的人生可以一顺到底，我们都会遇到生命中的"狭路"，而对待狭路时的态度，则决定了我们日后的高度。狭路相逢勇者胜，这便是吕蒙克敌制胜的秘诀。

4. 陆逊：宁鸣而死，不默而生

在正史《三国志》中，除了帝王外，只有两个人单独成传，一个是诸葛亮，另一个则是陆逊。

陆逊出身于江东大族之一的"陆氏家族"，但他的人生开端并不完美。父亲早逝，家业衰弱，自己只好去投奔从祖父庐江太守陆康。本以为跟着陆康可以安稳生活，但事实并非如此。

人在乱世，弱是原罪。

陆康就很弱，所以他就要被人欺负，欺负他的人是袁术。在袁术的扩张下，陆康很快被赶出了庐江，"宗族百余人，遭离饥厄，死者将半"。后来孙策渡江南下，与当地的世家大族发生激烈对抗，这让已经遭受重创的陆氏家族更加惴惴不安。好在孙权执政后，双方矛盾得到缓和，此时的陆逊刚好20出头，他背负的不仅是个人荣辱，还有整个家族的得失。

是摒弃前嫌、携手共存，还是决不妥协、继续对抗？

陆逊果断选择了前者。刚加入孙权幕府的陆逊，并没有得到重用。他知道孙权招募自己，不过是一场权力的游戏。但即便是游戏，他也要成为笑到最后的"玩家"。陆逊深知，要想出人头地，重振家族威望，就需要在忍耐中寻找机会。他甘愿在海昌县当个小县令，兢兢业业地做自己的分内之事。

与此同时，逐渐展露出自己的军事才能。当时，会稽、鄱阳经常有山贼作乱，于是陆逊便向孙权提了一个征兵计划。在得到批准后，陆逊积极行动起来，很快就建立起了一支战斗力不俗的军队，并以此平定了山越之乱。"征兵政策"的初见成效，让陆逊干劲十足。于是他针对东吴当下"腹心未平，难以图远"的困境，建议孙权"强者为兵，羸者补户"，继续扩大征兵。

公元219年，正当关羽兵围樊城、威震华夏之时，陆逊向吕蒙提出了一个大胆的计划——以骄兵之计迷惑关羽，伺机夺取荆州！在得到吕蒙的同意后，陆逊给关羽写了一封"言辞谦卑、语气恭敬"的信，也就是这毫不起眼的一封信，让不可一世的关羽栽了大跟头。

谨小慎微半辈子的陆逊，早已把"谦卑、恭敬"当作了骨子里的精神，所以他的这封信虽然有"刻意的成分"，却也少不了一些真情实感在里面。也正是如此，才有打动人心的效果。关羽看到信后，十分得意地对下属们说道："孙仲谋见识短浅，竟用此孺子为将！"

面对关羽的极度轻视，陆逊丝毫不以为意，因为他深知，此时的忍气吞声，是为了获取日后的胜利。没过多久，放松警惕的关羽逐渐把守备兵力调往前线。时机已到，吕子明白衣渡江，陆伯言西镇夷陵。东吴将帅双管齐下，即便英雄如关羽，也只能饮恨而终。

性傲者易陷，善忍者易成。陆逊终究用自己的"忍"，打败了关羽的"傲"。

公元221年，刘备打着为关羽复仇的旗号，率领大军杀奔东吴，打响了"夷陵之战"。蜀军到达夷陵后，刘备先遣将军吴班率数千人于平地立营，挑战吴军。

数千人就敢这样猖狂？

东吴将领见状很是气愤，于是纷纷请战。可陆逊却摇头说："此必有诈。刘备举军而来，锐气正盛，我们不可与其正面交锋。待其疲弊，再做打算吧。"

总之就是一句话——我不出战。

后来，吴将孙桓被刘备围困，他派人向陆逊求救。陆逊再次摇头道："孙将军颇得士卒之心，城牢粮足，一时无忧。等到我这边有所动作，孙将军之围必解。"

还是那句话——我不出战。

众将一听当时就怒了，他们都是成名多年的老将，有的还是孙家的宗室，本就不服陆逊，如今又见陆逊如此"怂包"，更是气不打一处来。但就在这群情激愤的境遇下，陆逊还是选择不出战。

他甘愿忍受军中将领的指责，坚决按兵不动，似乎要将"忍"字进行到底。不过他的"忍"很快就得到了回报。由于天气炎热，你陆逊能忍，可刘备忍不住了，于是刘备下令大军驻扎到茂密的树林中，以减轻酷暑的影响。而一向龟缩的陆逊抓住了这个机会，果断出击，一把火将刘备的精锐大军烧个精光。

"刘备，天下枭雄，曹操所惮。"

就是这样的人物，也还是败在了陆逊的"忍功"之下。夷陵战后，陆逊的威望如日中天，孙权更对其信赖有加。为了方便陆逊办公，孙权甚至还刻了自己的印章，放在陆逊那里。孙权每次给诸葛亮写信，都会把陆逊叫到身边，听听他的意见；给诸葛亮的文书，也先给陆逊看，有不对的，就让陆逊修改后直接发出。

只可惜，这一切不过是孙权营造出的假象而已。这时的政治环境其实是很糟糕的，大臣们稍有不慎，便会引火烧身。而最好的做法，便是像顾雍那样——"事不关己，高高挂起"。但陆逊没有这样做，忍了大半辈子的他，决定挺身而出，为了臣子的责任，也为了国家的未来！孙权晚年，虽立了孙和为太子，但却十分偏爱和重用鲁王。在孙权的纵容下，鲁王竟公开与太子叫板，双方明争暗斗、互不相容。

陆逊本在武昌坐镇，远离是非之地，但树欲静而风不止。为争取重量级朝臣的支持，太子和鲁王都把拉拢对象放在了陆逊身上，千方百计想争取他的支持。陆逊不忍看到手足相残，不愿看到朝野动荡，便赶忙上疏孙权："太子正统，宜有磐石之固，鲁王藩臣，当使宠秩有差，彼此得所，上下获安。谨叩头流血以闻。"

陆逊写这些书信，本是出于一片丹心，但在孙权看来不过是别有用心：这家伙竟然也和朝中诸臣联合起来，倒向了太子一方，更何况他手中还有一部分兵权。这是孙权不能接受的，所以他一改往日对陆逊支持信任的态度，取而代之的是严厉训斥。一次次的直言进谏，换来的却是一句句严厉斥责。这让陆逊愤懑不平，最终在一片斥责声中郁郁而终。

也许直到最后，他都不明白，君始终是君，臣始终是臣，有时"答非所问、无所事事"才是人臣最好的态度。也许是他早已看透了这一切,只不过他仍要坚持自己的信念——宁鸣而死,不默而生;宁可玉碎,不违本心!

四、江东子弟

五、谁主沉浮

暴虐自恣的大帝孙权，于昏庸无道之际做出了一件更为昏庸无道的事，使之不仅走了汉武帝当年的老路，也使得东吴将相人人自危。

那么，他究竟做出了怎样的荒唐事呢？

孙权末年最著名的事件，莫过于太子孙和与鲁王孙霸之间的"二宫之争"，而这件事完全是由孙权一手造成的。他不断地偏爱和重用鲁王一党，使其势力膨胀，几乎可与太子分庭抗礼，以至于发展到不可收拾的地步。最终孙权觉得二宫的势力都已经威胁到了自己的皇权，便废太子、杀鲁王、贬重臣、责肱股，大肆株连，朝廷动荡。

其实孙权称王后，便立了自己的长子孙登为储君。这么说吧，孙登之于孙权，犹如朱标之于朱元璋。这孙登根正苗红，礼贤下士，当时"东宫号为多士"，其中最知名的当属

"四友"：诸葛恪、张休、顾谭、陈表。孙权不仅为东宫配备了"超豪华班底"，还让上将军陆逊辅佐孙登镇守武昌，早早开始熟悉军国大事。

可惜的是，孙权和朱元璋都太能活了，以至于他们的接班人都熬不住了。孙登做了三十一年的储君，终究还是被父亲给熬死了。

孙登死了，按照次序，该孙和上位了。若论才能品德，孙和倒也不比死去的哥哥差，只是他运气不太好，因为此时的孙权已是末年昏聩，猜忌心极重。任何一个手握大权之人，自然都成了孙权猜忌的对象，这其中也包括太子孙和。

为了防止东宫坐大，孙权决定再扶植另一股势力来制约太子，这股势力便是鲁王孙霸。孙霸是一个很有野心的人，为了谋夺储君之位，他拉拢了以全寄为代表的"全氏一族"、中书令孙弘，还有堪比杨修之智的名士杨竺。而东宫方面则有一些"守正老臣"坐镇，比如陆逊、吾粲、顾谭、张休等人。

严格意义上来说，这些人并非站在孙和一边的，而是站在"储君"一边的。换句话说就是，谁是合法的储君，那他们就拥护谁，他们拥护的并非某个人，而是"法统"。在孙权的默许下，东吴朝廷出现了下面这幕场景——

"二宫开阙，中外职司，多遣子弟给侍。"

文武百官，世家大族，纷纷出来站队，以至于"举国中分"。当此之时，你是不站队，也得站队，不明着站队，也得暗着站队，想要置身事外，那是不行的，孙权想要的制衡效果已经达到了。但就在这时，一个女人的"加入"彻底打破了这一局势，这个女人是谁呢？

全公主、孙鲁班、孙大虎，此三者，异名而同人也。孙鲁班是孙权最为宠爱的"无冕之后"步夫人的女儿，后来嫁给全琮，故又称之为"全公主"。

吴国后宫的制度颇有意思，那就是没有名号，只有统一的"夫人"之称，步夫人也是在死后才被追谥为皇后的。由于步夫人的原因，孙权很宠爱孙鲁班、孙鲁育姐妹。而太子孙和与鲁王孙霸的争端则源于全公主与太子的生母王夫人有嫌隙，所以全公主便自然而然地站在了孙霸一边。

在全公主的煽动下，孙权开始动摇了，原先只想制约太子的他居然生出了"废立之心"。

有一次，孙权单独找来了鲁王的谋士杨竺，向他询问立嗣问题。杨竺当时是力荐鲁王孙霸，而孙权当时也点头了；可是出人意料的是，这场"密谈"却泄露了，因为"床下有耳"——一个"给使"（宫中杂役）居然藏在床下听到了这个秘密，而且这个人还是太子的人。

太子在得知这一消息后，十分惊慌，他连忙去找亲信研究对策，于是太子微服跑到了陆胤的车上商量对策，最后陆胤给他出了一个主意：让上将军陆逊去好好劝劝孙权。

陆逊不劝还好，这一劝可就出事了！

第三部·孙吴篇

五、谁主沉浮

既然是密议，陆逊怎么就知道了呢？此时孙权第一个想到的人就是杨竺，绝对是他泄露了消息。杨竺实际上是冤枉的啊，于是他为了洗刷冤屈，亲自去调查真相，最后把陆胤给调查出来了。

当时，孙权问陆胤说："你是怎么知道这个秘密的？"

这陆胤倒也机智，他回答说："是杨竺说漏嘴了啊。"

就这样，杨竺与陆胤都被下狱了，后来杨竺扛不住酷刑，为了少受皮肉之苦，只好硬着头皮承认了。就这样，陆胤用一命换一命的方式，与杨竺同归于尽，断了鲁王一臂。

可事情还远远没完。既然鲁王党遭到了打击，那为了公平起见，太子集团也得打压一番，于是孙权下诏诛杀吾粲、流放顾谭、责骂陆逊，最后还玩了一手"引蛇出洞"——他通过幽禁太子，想看看朝中到底有多少人会站出来太子求情。

不试不知道，一试吓一跳。骠骑将军朱据、尚书仆射屈晃为首的多数文武百官都站出来为太子求情，这让孙权十分震惊，史书上用三个字记录了孙权当时的感受——"甚恶之"。太子一党果然不像表面看着那样简单，果然还有一些藏在暗处的党羽，这下子终究是露出了尾巴。

既然找到了"潜伏的危险"，孙权自然是不会心慈手软，杀的杀，罚的罚，"群臣诛放者十数"。太子集团彻底垮了，那鲁王党也就没有存在的价值了，孙权一不做二不休，接下来他又亲手毁掉了自己扶持起来的鲁王一党。

五、谁主沉浮

没想到"二宫之争"的结果居然会是两败俱伤，同归于尽——孙权禁断二宫，夺其守卫，绝其宾客。

最终，太子废，鲁王死！

怎么样？

上面的故事情节大家熟不熟？

像不像影视剧《琅琊榜》中的"太子与誉王之争"呢？

在《琅琊榜》中，太子与誉王最后两败俱伤，而名不见经传的靖王却一步步走上了高位。

而这江东的"靖王"便是孙权的小儿子——孙亮。

"二宫之争"的结果是三败俱伤（太子、鲁王，孙权），而唯一受益者便是孙亮。在两位兄长纷纷被父亲收拾后，孙亮在全公主的扶持下一跃成了法定继承人。这鲜血淋漓的宫廷争斗的背后，是权力、欲望的博弈，威胁到皇权的两个"逆子"被杀了，功高盖主的重臣也被逼死了。孙权自以为掌握了"整个大局"，却不想自己也成了别人的棋子。在这场充满了权谋的宫斗中，充当"梅长苏"角色的竟是全公主孙鲁班。

前面我们提到，全氏一族似乎是支持鲁王党的，可除了一个全寄外，我们并没有看到更多的全氏族人参与到其中，全公主除了挑拨孙权对付太子外，几乎没有给予鲁王什么帮助，所以我们有理由相信，全公主另有目的！

就像梅长苏假意辅佐誉王、实则扶持靖王一样，全公主的真实目的便是助孙亮上位。而且她还把女儿嫁给孙亮为妃，在全公主与群臣的建议下，垂垂老矣的孙权指定了孙亮作为继承人，而全公主也获得了"一门五侯，皆典兵马"的荣耀，吴国的外戚从此强大起来。

孙权临终前虽册立了孙亮，但由于孙亮年幼，所以孙权为他留下了五位辅政大臣：大将军、太子太傅诸葛恪；中书令、少傅孙弘；太常滕胤；将军吕据；侍中孙峻。孙权的这种配置，完全是出于防止大臣专权的考量，将国家权力明确地做出了划分：诸葛恪是首辅，掌握全国兵权、拥有最高爵位；孙弘掌握中央政治权力；滕胤负责都城守卫和宗庙事宜；吕据典外兵，孙峻掌宫内宿卫。此等规范的权力分割，使得众人凡大事皆不敢自专。

对于首辅诸葛恪，孙权是早早便进行了重点培养的。早在孙权的第一任太子孙登时，诸葛恪便是太子宾客，四友之一。后来又让他历任太守、将军等职，在这历练的过程中，诸葛恪显露出优秀的办事能力，但也暴露出其好大喜功的缺点。

平心而论，诸葛恪是有几分才气的，说他"才捷志猛"也不为过。但他却不懂得谦虚隐忍，而是锋芒毕露，所以孙权又为他准备了一个助手滕胤。诸葛恪是有才无德，而滕胤则是有德无才，不过幸好滕胤倒是始终与诸葛恪保持一心。而诸葛恪之所以能成为首辅，还有一人功不可没——侍中孙峻。

孙峻侍奉帷幕，曾在孙权临终时向孙权极力推荐诸葛恪，称其"朝臣莫及"，并于诸葛恪辅政初，及时告发了中书令

第三部 · 孙吴篇

五、谁主沉浮

孙弘的政变阴谋，使得诸葛恪先发制人，一举将军权、政权收归于囊中。从这点来说，我们就理解了为什么后来诸葛恪会被孙峻所杀，因为他把孙峻当成了自己的亲信，从而放松了戒备之心。

诸葛恪在辅政初期，吴国政治清明，"百姓延颈，思见其状，中外熙然，人怀欢欣"。内政上的成功使诸葛恪不甘于做一个坐守江东的良相，于是他准备开疆拓土了。东兴一战，大败曹魏，魏军死者数万，叛将韩综授首，吴军大胜，史称"东兴大捷"。经此一役，诸葛恪一战而霸，声威如日中天。

逐渐滋生出骄矜轻敌情绪的诸葛恪，不顾众人劝阻，在得胜的势头下又再一次发兵二十万攻打合肥新城。几乎竭尽全国之力的一次大发兵，导致国内百姓骚动，人心不安。而这一战的损兵折将更是将这种"百姓失望"的情绪推向了极点。

孙亮在群臣的提议下，发出诏书命令撤军。战败而归的诸葛恪非但没能自我检讨，反而变本加厉地独揽大权，官吏以及宿卫的任意调动，使孙亮以及众大臣十分不满，此时的诸葛恪正悄悄地从一代良臣变成了权臣。正当他调动军马，意欲进攻青徐二州的时候，殊不知一场宫廷政变正悄悄向他袭来。

"芦苇裹身，麻绳束腰，弃之于石子岗。"一生以叔父诸葛亮为楷模的诸葛恪，终究没有学到叔父的掌权精髓，竟死在了少主孙亮与孙峻合谋的一次鸿门宴上。他一向瞧不起孙峻，但却没想到自己竟会死在这宵小之辈的手中，诸葛恪实在是心有不甘啊！

诸葛恪死了，吴国大权自此落到了孙峻之手，外戚与公族的较量也逐渐拉开了帷幕。

孙峻借着民怨、君怨的幌子，以最简单快捷的方法，诛杀了首辅诸葛恪，第一时间掌控了吴国军政大权，使吴国"公族势力"得到了前所未有的增长。

那么孙峻又是何许人也？"公族"又是一股怎样的势力？

孙峻，孙坚之弟孙静的曾孙，算得上是孙氏皇族的近亲。而吴国的公族其实指的就是孙氏皇族的同姓近亲势力。年幼天真的孙亮本以为杀掉诸葛恪就可以万事大吉、收回权力了。却不曾想到诸葛恪死了，代之而起的是无德无才的孙峻。孙峻执掌大权，搞得吴国朝廷内外乌烟瘴气、百姓嚣然、军士怨叛，也因此多次遭到其他势力的反抗。

吴侯孙英，将军孙仪、张怡等人先后发动了对孙峻的谋杀行动，可惜都以失败告终。但正所谓人不收你，天收你。才刚刚三十岁的孙峻在一次睡梦中梦到诸葛恪之后，便身染重病，暴疾而亡了。为了不使大权旁落，孙峻临终前将所有权力交给了同祖兄弟孙綝。

孙綝比之孙峻，更为丧心病狂，他一面打压以全公主为首的外戚，又进一步广植党羽，架空皇帝孙亮，"一门五侯,皆典禁兵，权倾人主"。一时之间，猖狂到了极点。这引来了作为托孤重臣之一、一直在外领兵的吕据的不满。吕据与另一位辅政大臣滕胤约定时间，准备来个内外夹击的清君侧行动。与此同时，幼主孙亮也显露出对孙綝的极度不满，他于宫中成立一支三千人规模的卫队，号称"少年子弟军"，同时又与外戚全尚等人秘密谋划铲除孙綝。

引兵而回的吕据遭到了孙綝派遣军队的猛烈围击，而留在都城的滕胤又因为不忍举兵入宫的愚蠢行为错失了良机，待到孙綝卫兵云集，滕胤只能在团团包围中选择了自杀。

滕胤的坐以待毙、吕据的四面楚歌，使孙亮感觉到孤掌难鸣，而发觉到危机已至的孙綝则一不做二不休。他直接领兵进入苍龙门，围住宫城，以"无道之罪"废掉了幼主孙亮，继而大肆屠杀以全尚为首的外戚势力，连公主孙鲁育也未曾幸免。

"苍龙门之变"昭示着吴国外戚势力的一蹶不振，也宣告了权臣时代即将完结，吴国终于要迎来真正的君权时代了。

废孙亮，迎孙休，孙綝本以为下得一手好棋，殊不知加快了自己的灭亡。要想使他灭亡，就必先让他疯狂。孙休于即位之初，便采取了这种策略。孙綝要什么，他就给什么，直到他认为自己是个懦弱的皇帝后，那么他的死期也就不远了。不同于孙亮的豢养军队，孙休的骄兵之计似乎更具有杀伤力。

于是，当年发生在诸葛恪身上的故事，又发生在了孙綝身上。一代权臣，在宴席上的刀斧面前，变得无限卑微。扣头千遍，终究无济于事，孙峻、孙綝最终以"开除公籍"的"故峻、故綝"收场，而诸葛恪等被二孙迫害者也都获得了平冤昭雪。

孙休虽然收回了皇帝大权，但吴国内政依旧江河日下，因为他不务实。该做的他不做，着急做的也不做。他于乱世偃武修文、大兴教化、大谈圣贤之道，可是他在国事上的所作所为，没有一件符合圣贤之道的利民利国行为。

吴国在他手中，非但没有政治清明，反而更加奸小横行了。张布、濮阳兴执掌朝政，使得"邦内失望"；"察战之官"的设立，无疑将孙权的"校事府精神"发扬到了吴国各州郡里面去，并导致了交趾的叛乱。从此，远在天南的交趾也陷入了乱世的动荡之中。

而孙皓的继位，更使得交趾变成了流放良臣的人间地狱。

暴虐的孙皓最孜孜不倦的一件事就是杀人。他先宰了几个有分量的重臣，接着杀掉景帝孙休的妻儿，最后就干脆看谁不顺眼就杀谁好了。他大肆分封母族为列侯，并迁都武昌，赢得了一句"宁饮建业水，不食武昌鱼"的民间"称赞"。

北有晋国虎视眈眈，南有交趾的郭马之乱，内外交困的局势并没有让孙皓有所醒悟，他依旧过着那诛戮忠臣、搜刮百姓、坐拥后宫万人的无道生活。丞相挂名、宦官干政、奸臣弄权等汉末之事，在孙皓手里又重演了一遍。

陈寿把孙皓在位的这段时期称作是"无妄之世"，在这个世道里，如果你死了，那你是幸运的，因为你该死；如果你苟且活着，那是不科学的，因为你本该死的。

正是由于孙皓的昏庸暴虐，导致了江东军民达成一致——"若遇敌，便倒戈"。公元280年，在司马氏七路大军的合围下，吴国的最后一任皇帝孙皓，穿着青衣、戴着小帽在兵士押送下前往洛阳了。

王濬楼船下益州，金陵王气黯然收。
千寻铁锁沉江底，一片降幡出石头。
人世几回伤往事，山形依旧枕寒流。
今逢四海为家日，故垒萧萧芦荻秋。

百年乱世于此结束，然而这真的是结束吗？
也许，一切才刚刚开始。